对家庭暴力零容忍

让家庭更和谐
让权益更有保障

Dui Jiating Baoli
Ling Rongren

—— 曾晓梅/编著 ——

内蒙古人民出版社

图书在版编目(CIP)数据

对家庭暴力"零容忍" / 曾晓梅编著. —呼和浩特：内蒙古人民出版社，2018.5(2019.6重印)

ISBN 978-7-204-15370-1

Ⅰ.①对… Ⅱ.①曾… Ⅲ.①家庭问题-暴力-防止-中国 Ⅳ.①D669.1

中国版本图书馆CIP数据核字(2018)第094090号

对家庭暴力"零容忍"

作　　者	曾晓梅
责任编辑	侯海燕
责任校对	李好静
责任监印	王丽燕
封面设计	宋双成
出版发行	内蒙古人民出版社
地　　址	呼和浩特市新城区中山东路8号波士名人国际B座5楼
网　　址	http://www.impph.cn
印　　刷	北京长宁印刷有限公司天津分公司
开　　本	710mm×1000mm　1/16
印　　张	16.25
字　　数	230千
版　　次	2018年7月第1版
印　　次	2019年6月第2次印刷
印　　数	3001—6000册
书　　号	ISBN 978-7-204-15370-1
定　　价	32.00元

如发现印装质量问题，请与我社联系。联系电话：(0471)3946120

前　言

家庭暴力是世界各国都不同程度存在的严重社会问题，它不仅侵犯了受害者的人权，而且破坏了家庭的和谐，影响了社会秩序的稳定。家庭暴力是世界各国普遍存在的社会现象，已成为一种全球性的社会公害，作为一种落后、野蛮的社会痼疾，是困扰全球实现男女平等和妇女人权的最大障碍。家庭暴力在我国非常普遍。据全国妇联统计，全国2.7亿个家庭中，有近30%的已婚妇女曾遭受过家庭暴力，再加上父母对未成年子女、成年子女对父母等的家庭暴力，所占比例会更高。

由冯远征和梅婷主演的反映家庭暴力的电视剧《不要和陌生人说话》，让很多人对家暴有了更多的关注；2011年，疯狂英语的创始人李阳的妻子公开曝光了李阳对她实施家暴的照片，更是引发了人们关于家暴的热议；2016年，鄂尔多斯女记者红梅遭受家暴，被其丈夫活活打死；还有涉及儿童家庭暴力的事件；等等。这些事件都是因为家暴后果严重而被媒体披露出来的，但现实中更多的情况是因为受到"家丑不可外扬"传统观念的影响，许多受害人面对家庭暴力时，做出的选择往往是沉默和忍耐，这也导致了更多极端事件的爆发。

家庭是社会的细胞,家安国可安。保护家庭中的弱者免受侵害,既是保障人权的基本要求,也是社会文明的基本标志。世界上许多国家针对家庭暴力制定了专门的法律,对其进行防范与惩处。我国于2015年12月27日,第十二届全国人民代表大会常务委员会第十八次会议通过了《中华人民共和国反家庭暴力法》(以下简称《反家庭暴力法》),并于2016年3月1日起实施。《反家庭暴力法》以预防和制止家庭暴力,保护家庭成员合法权益,维护平等、和睦、文明的家庭关系,促进家庭和谐、社会稳定为目的,确立了告诫、强制报告、临时庇护、撤销监护、人身安全保护令等重要制度。这是体现我国人权保障的基本法,体现了国家公权力制止家庭暴力、尊重和保障人权、保护弱势群体的利益、促进男女平等等先进理念,在我国法治建设中具有里程碑式的重大意义。这也意味着家暴不再是家庭私事,国家公权力制止家庭暴力,受害者可以寻求法律帮助来维护自己的合法权益。

但是,要想真正杜绝家庭暴力,就要做到对家庭暴力"零容忍",当受害者第一次遇到家庭暴力时,就要采取有力措施让施暴者不敢再犯。本书列举了家暴事例以及家暴的危害,遭受家暴后的正确应对措施,以及求助社会、机构、团体、法律等的途径等。这本书的出版,不仅能帮助遭受家暴的人员学会自救,尽快地脱离苦海,同时也适合任何人阅读,让人们有意识地学会保护自己,当某一天家暴来临之时可以应对自如,把家庭暴力的发展势头扼杀在摇篮里,使自己不会受到伤害。

目录

第一章　如何认识家庭暴力

家庭暴力的概念 / 2

家庭暴力的范围 / 9

世界各国、我国台湾地区及国际社会对家庭暴力的界定 / 12

家庭暴力的特点 / 16

家庭暴力的成因 / 20

家庭暴力的危害 / 24

对家庭暴力的错误认识 / 28

第二章　我国家庭暴力案例

案例一：受害人忍受多种形式的家庭暴力 / 32

案例二：如何正确区分家庭暴力与一般夫妻纠纷 / 35

案例三：申请人身保护令 / 39

案例四：人身保护裁定及时帮助老人脱离困境 / 41

案例五：家庭暴力下的牺牲品 / 43

案例六：女记者家暴致死案 / 46

案例七：5岁女童遭受家暴致死 / 49

案例八：非家庭成员的人身安全保护令 / 51

案例九：人身安全保护令制止子女虐待老人 / 54

案例十：家暴离婚案证据的认定 / 56

案例十一：家庭暴力的认定 / 58

案例十二：律师改变家暴案犯罪的定性 / 61

案例十三：精神暴力的认定 / 63

案例十四：以暴制暴杀夫案 / 65

案例十五：撤销监护人资格案 / 68

案例十六：遭继母家暴案 / 70

第三章 如何预防家庭暴力

预防家庭暴力重在培养良好的家庭文化 / 74

家庭文化的内涵 / 76

营造好家风 反对家庭暴力 / 80

夫妻如何在家庭中扮演好角色 / 82

学会经营婚姻 / 85

了解家暴当事人的心理 / 87

如何预防对儿童的家庭暴力 / 90

第四章 如何制止家庭暴力

绝不纵容第一次家庭暴力 / 92

警惕语言暴力 / 94

寻求外界的帮助 / 96

离婚是一种解决办法 / 98

"打是亲、骂是爱"是错误的想法 / 100

避免对孩子实施家暴,父母要掌握正确的教育方法 / 103

制止家庭暴力的办法 / 106

遭遇家暴如何报警 / 109

如何申请人身安全保护令 / 111

证明家庭暴力的证据 / 113

家庭暴力受害人要学会主宰自己的命运 / 116

有效劝告家庭暴力施暴人 / 117

第五章 用法律武器保护自己

世界各国和我国台湾地区反家庭暴力的立法及司法制度 / 120

我国反家庭暴力的法律体系 / 138

我国《反家庭暴力法》的重要地位和作用 / 141

家庭暴力受害人的法律救济途径 / 143

什么是强制报告制度 / 145

公安机关处置家庭暴力的职责 / 147

对家庭暴力当事人进行法治教育和心理辅导 / 150

什么是庇护制度 / 153

什么是告诫制度 / 156

什么是撤销监护权 / 159

什么是人身安全保护令制度 / 163

家庭暴力加害人依法应承担的法律责任 / 167

我国对"以暴制暴"案件的司法实践 / 171

国外受虐妇女综合征在司法实践中的运用 / 173

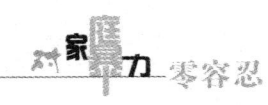

第六章　寻求律师的帮助

律师帮助家庭暴力被害人立案 / 179

律师代理被害人遭受家庭暴力的案件 / 183

律师为家庭暴力案件被害人代理民事诉讼 / 187

律师询问家庭暴力案件被害人的方法及技巧 / 190

律师尽量提供全面的保护措施 / 192

律师代理申请人身安全保护令 / 194

律师代理家庭暴力的离婚案件 / 197

律师代理离婚损害赔偿案件 / 200

附录

《中华人民共和国反家庭暴力法》/ 205

《最高人民法院关于人身安全保护令案件相关程序问题的批复》/ 211

《民政部、全国妇联关于做好家庭暴力受害人庇护救助工作的
　　指导意见》/ 213

《最高人民法院、最高人民检察院、公安部、司法部关于依法办理
　　家庭暴力犯罪案件的意见》/ 217

《涉及家庭暴力婚姻案件审理指南》/ 225

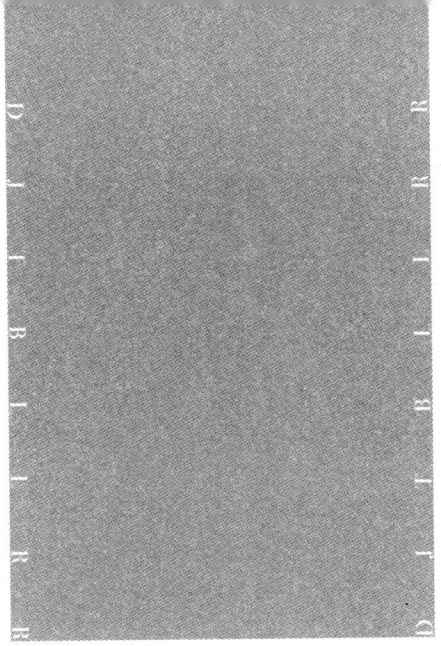

DUI JIATING BAOLI LINGRONGREN

第一章
如何认识家庭暴力

家庭是社会的细胞,是人类生存和发展的重要组织形式。健康和谐的家庭是建设和谐社会的重要基础,个人可以从中体味亲情、关怀、理解与包容。然而家庭暴力的出现使家庭远离亲情与温暖,滋生矛盾与危机,导致家庭的裂变,甚至出现血的惨剧,严重地侵犯了人权,破坏了家庭的和睦安宁与社会的和谐稳定。随着世界范围内家庭暴力问题的突出,以及反家庭暴力的严峻形势,国际社会和各国都给予了高度重视,因此,如何认识家庭暴力是解决家庭暴力问题的关键。

家庭暴力的概念

家庭暴力简称家暴,是指发生在家庭成员之间的,以殴打、捆绑、禁闭、残害或者其他手段对家庭成员从身体、精神、性、经济等方面进行伤害、摧残和控制的行为。家庭暴力发生于有血缘、婚姻、收养关系且生活在一起的家庭成员间,如丈夫对妻子、父母对子女、成年子女对父母等,妇女和儿童是家庭暴力的主要受害者,有些中老年人、男性和残疾人也会成为家庭暴力的受害者。

我国于2015年12月27日,第十二届全国人民代表大会常务委员会第十八次会议通过了《中华人民共和国反家庭暴力法》(以下简称《反家庭暴力法》),并于2016年3月1日起实施。该法第二条规定:"本法所称家庭暴力,是指家庭成员之间以殴打、捆绑、残害、限制人身自由以及经常性谩骂、恐吓等方式实施的身体、精神等侵害行为。"

家庭暴力可以分为作为方式的暴力和不作为方式的暴力。以作为的方式实施家庭暴力是常见的,如殴打、捆绑、残害、谩骂、恐吓、限制人身自由等。然而,家庭成员或有共同生活关系的非家庭成员之间的不作为也可以构成家庭暴力。这主要是指监护人或扶养照料者对无行为能力或限制行为能力的被监护人、被扶养照料者负有法定作为义务,但懈怠履行此项义务,如不给他们吃饱、穿暖,不予照料护理,或将之遗弃,有病不给治疗等,使其处于冻饿、生命健康和安全得不到保障的危险境地,甚或造成伤残死亡的损害后果。这些不作为也构成家庭暴力，如果致被监护人、被扶养照料者身体受到严重损害甚或死亡的，依照我国刑法，可构成遗弃罪或者故意杀人罪。例如，发生在南京市的一吸毒母亲将两个年幼女儿留置家中，长期不归，致使姐妹俩死亡案，审理法院最终以故意杀人罪判处被告人无期徒刑。

家庭暴力侵害的是家庭成员的人身权利，包括生命安全、身体健康、精神健康、人身自由等方面。按照国际标准来说，家庭暴力的类型主要有4种：身体暴力、精神暴力、性暴力和经济控制。

一、身体暴力

身体暴力是指家庭成员一方对另一方身体的有形伤害行为，指直接伤害躯体或导致肢体感受到疼痛的损害行为以及非法致受害人残疾、死亡。

身体暴力主要有殴打、捆绑、残害、脚踢、嘴咬、手抓、用工具攻击、限制人身自由等。最严重的身体暴力是致受害人健康永久性损害、残疾、死亡。身体暴力是最基本、最常见的家庭暴力形态。

如被害人范某，女，7岁，出生后不久即由邓某收养。在收养期间，邓某多次采取持木棒打、用火烧、拿钳子夹等手段虐待范某，致范某头部、面部、胸腹部、四肢多达百余处皮肤裂伤，数枚牙齿缺失。2010年3月26日上午，因范某尿床，邓某便用木棒殴打范某腿部，致范某左股骨骨折，构成轻伤。这起案例是典型的身体暴力。邓某故意伤害他人身体的行为已构成故意伤害罪。邓某为人之母，长期对养女范某进行虐待，又因琐事持木棒将范某直接打致轻伤，手段残忍，情节恶劣，后果严重，应依法惩处。

有的受害人由于长期遭受身体暴力，忍无可忍，最后以暴制暴。王某就是这样一名女性。她在1990年经人介绍认识了张某。从结婚第二年开始的12年里，她一次次地遭受丈夫的毒打，又一次次地选择了忍让和迁就。在这12年里，丈夫用尽了家里可以使用的工具来打她，包括木棍、铁棍、皮带、椅子、铁锹、斧子、搓板、叉子、擀面杖等。2003年1月，王某再次被丈夫用斧头砍伤。王某终于忍无可忍了，次日，她在给丈夫做饭的过程中投入毒鼠强。张某吃后不久就死亡了。一审法院以故意杀人罪判处王某有期徒刑12年。

这是一起典型的由家庭暴力而引发的家庭悲剧。在家庭暴力的类型中，身体暴力发生率很高。

二、精神暴力

精神暴力又称语言暴力，是指家庭成员一方对另一方精神的无形伤害行为，如恶意诽谤、辱骂、使用严重伤害人格和自尊心的语言等。

精神暴力主要表现为对受害人进行侮辱、谩骂、诽谤、宣扬隐私、无端指责、人格贬损、恐吓、威胁、盯梢、跟踪、骚扰受害人及其近亲属等。精神暴力通常会使受害人产生恐惧、焦虑、抑郁等心理及精神方面的伤害。精神暴力的发生率仅次于身体暴力，有23.3%的女性曾经遭受过精神暴力。精神暴力还有一个特点，就是针对受害人的唯一性，施暴者的某种行为在别人看来可能是一种正常的行为，但对受害人来说却是一种暴力。据中国法学会公布的调查显示，在中国有65%的家庭会出现丈夫不理睬妻子的现象，20%的家庭会出现丈夫使劲关门或摔东西的行为，还有20%左右的家庭中丈夫会威胁要打妻子。

随着家庭暴力日益受到社会谴责，许多施暴者不敢再明目张胆地实施身体暴力，而是转而采用更具隐蔽性的精神暴力，其常见形式有恐吓、训斥、羞辱、冷漠、过度役使、轻视、放任和疏远等。恶语中伤、漠不关心对方，将语言交流降到最低限度，冷淡、停止或敷衍性生活以及各种手法的心理虐待，情感虐待，懒于做一切家庭事务等，是隐性暴力中较常见和隐蔽的做法，而这也是现代家庭中的一个易被人忽视的问题。由此导致的伤害程度，甚至远远高于身体暴力，受害人因不堪精神暴力而自虐、自残、自杀的悲剧时有发生。

精神暴力的一个典型例证是冷暴力，有调查显示，发生过矛盾的家庭中，六成以上曾出现过冷暴力。在离婚案件中，存在冷暴力的占八成以上。尤其是夫妻双方均为高学历的知识分子家庭，家暴主要体现为冷暴力，而对于有着更高情感需求的受害者而言，所带来的精神创伤也更为深重。

所谓家庭冷暴力，是指夫妻双方在产生矛盾时，不是通过殴打、谩骂等一般意义上的暴力方式处理,而是对对方表现出冷淡、轻视、放任和疏远,最明显的特征就是漠不关心对方,没有语言和情感的沟通,或是将语言交流降到最低限度,停止或敷衍性生活,懒于做一切家庭劳动。家庭冷暴力是一种精神暴力,是与身体暴力、性暴力并存的家庭暴力形式。尽管身体暴力或性暴力的同时也包含有精神暴力的成分,但它们是通过伤害躯体进而伤害精神的,而冷暴力一开始就是指向精神的。有资料显示,这种容易被人忽视的暴力形式其发生率却为三种暴力之首。

家庭冷暴力多见于城市家庭,特别是知识分子家庭中,受害者既有女性也有男性,以女性居多,丈夫是最常见的施暴者,而妻子作为施暴者的例子也在呈上升趋势。它会使当事人遭受精神创伤,形成心理和精神隐疾,使其他家庭成员遭受伤害,造成家庭成员间的疏离和怨恨,甚至导致家庭分裂。

比如,刘女士不幸得了乳腺癌,从此丈夫就不再理会她了,在家中见面就像是陌生人一样,连个招呼都不打,最起码的尊重都没有。他没有打过人,也不离婚,但在家里不与刘女士交流。有时候她想方设法跟他说话,甚至找茬儿跟他吵架,可他就是不理她,病了饿了也不闻不问。精神上的折磨使刘女士整夜睡不好。刘女士的遭遇就是典型的精神冷暴力。

又如,曾有这样一个案例,李某自从生了孩子之后,她的丈夫赵某一直不愿意跟她沟通。李某试图通过不是面对面的方式跟他对话,但他电话也不接,晚上回家就戴着耳机玩游戏,睡觉都分开睡。赵某说他已经患了性冷淡。以前李某一直以为赵某是性格内向。后来,李某发现赵某有外遇了。本案中赵某所说的性冷淡,其实是个托词,是许多男人背叛婚姻的口头禅,是家庭冷暴力。

受害人多年遭受冷暴力直到身心无法忍受才不得不向外求助,往往已忍受很久,心灵饱受创伤,身体也会因长期处在强大精神压力下,容易出现头痛、失眠等症状,甚至可因长期精神上的折磨得不到宣泄和缓冲做出自杀、伤人等过激行为,造成更为严重的后果。

冷暴力家庭环境对孩子尤其未成年子女的影响也是极其恶劣的。因为,在冷暴力环境下长大的孩子由于缺少家庭温暖,容易内向寡言、性格孤

僻,比一般孩子敏感、易怒、难以沟通,并可能影响其将来的家庭观,严重者还会走上违法犯罪的道路。夫妻冷战的起点是在感情上受伤害却无从表达,当夫妻出现不说话的冷战倾向时就应警惕,保持心情平静,分析原因,寻找根源,尽早化解冷战僵局。若双方不愿说话,可以通过写信、发短信、写邮件沟通。如果条件不允许就写在纸上,把想与对方说的话写下来,告诉对方你的想法;可以从孩子的成长、教育、生活等方面的话题逐步地进行交流,达到沟通的畅通;可以暂时不说自己的想法,先谈一些无关紧要的问题,然后逐步地、真诚地进行沟通;可以要求对方每天抱你10分钟,只要坚持,时间长了两个人的感情一般会大有改观。

三、性暴力

性暴力也是家庭暴力的独立类型。

反家暴法确认身体暴力和精神暴力这两种最常见的家庭暴力类型。对于性暴力能否作为家庭暴力的独立类型,立法过程中颇有争议。反家暴法最终未将性暴力独立归类,而是用"等"字涵盖在未列举的暴力类型中。《反家庭暴力法》未明文列举"性暴力",但并不等于对在现实中发生的基于性的暴力不予制裁。性暴力既是身体暴力又是精神暴力。

性暴力是指配偶间或者其他家庭成员间以暴力形式的强行性行为或变态性行为,如性虐待行为,故意攻击性器官,强迫发生性行为、性接触,突出的表现是近年来讨论较多的"婚内强奸"。婚内强奸一直是理论界争议比较大的问题。笔者认为以下的情况应规定为性暴力行为,属于家庭暴力犯罪:一是夫妻二人处于离婚诉讼期间,一审判决已生效,一方强迫与另一方发生性关系;二是夫妻关系存续期间,一方以过分的手段强行与另一方发生性关系;三是一方违背另一方的意愿,以性虐待的方式强迫发生性关系。

比如,吴女士和张某结婚后,在性生活方面,张某不管吴女士是在生理期还是由于身体病痛等原因,只要他需要,必须服从和配合,满足他的需要。结婚第一年第一次怀孕,张某竟说他没法过性生活,逼迫吴女士流产。吴女士做完流产手术当晚,张某还逼迫吴女士过夫妻生活。一次,吴女士宫外孕大出血休克,抢救过来后,在重症监护室的第二天,张某无理要求满足他的性要求。有天晚上,张某居然用枕头捂住吴女士的鼻子和嘴,按住她的双手和脚,使她喘不过气来。张某贴在她耳边说,如果今晚把你捂死了,我就说是性生活过程中你因心脏病猝死,我是不负法律责任的。类似的生活模式伴随吴女士生活十多年,妇科疾病从结婚后就一直跟随着吴女士,以致吴女士终身不育。

四、经济控制

经济控制是加害人通过对共同财产和家庭收支状况的严格控制,摧毁受害人自尊心、自信心和自我价值感,以达到控制受害人的目的,完全符合家庭暴力控制的实质特征。

早在2008年,最高人民法院的《涉及家庭暴力婚姻案件审理指南》就已经把经济控制作为家庭暴力的四种类型之一。这是因为:一是我国《婚姻法》、《物权法》等都规定,夫妻双方对共同所有的财产有平等的处分权,任何一方独自享有经济控制权,剥夺另一方的经济支配权,都是对另一方财产权的侵犯。二是大量司法实践已经证明经济控制和身体暴力、性暴力、精神暴力一样,也会对家庭成员造成很大伤害,导致婚姻关系破裂。毕竟,财产权是一个人安身立命的基本保障。因此,经济控制应纳入家庭暴力的范畴。

宫某,男,离休干部,85岁。老伴去世后,宫某想请一位保姆。2016年6月,保姆公司引荐58岁的钱某到宫某家做保姆。20多天后,钱某主动提出和宫某结婚。2016年7月宫某与钱某领取了结婚证。50天后,2016年9月钱某欺骗宫某,将宫某个人产权的房子卖掉。钱某又用卖房的钱购买了一套房屋。办理房屋产权证时,钱某加上了自己的名字。此时,原本属于宫某个人所有的房产变成了与钱某共有的房产。钱某领到结婚证并且获得房屋的共有产权之后,开始经常夜不归宿,随意大吵大闹,经常谩骂、精神上折磨宫某,凌辱宫某的人格,经济上控制宫某,完全将宫某每月近万元的工资据为己有,导致宫某生活极端困难。钱某在生活中不做饭,不照顾宫某。宫某

做过两次心脏手术,钱某也不管不顾。

　　钱某以骗钱为目的与宫某结婚,婚后在经济上控制、精神上折磨宫某。2017年4月又找到房地产中介,将房屋卖掉,卖房所得50余万元,又谎称买了一套房,后方得知,该房只是租住,钱某根本没有将卖房款交给房主,宫某成了无房户。这个案例中的钱某对宫某就是典型的经济控制和精神暴力。

家庭暴力的范围

家庭暴力的关系主体,是指家庭暴力的实施者和直接受害人。反家暴法第二条指出家庭暴力是发生在"家庭成员之间"的不法侵害行为,第三十七条又规定:"家庭成员以外共同生活的人之间实施的暴力行为,参照本法规定执行。"因此,它所调整的家庭暴力的主体范围涵盖家庭成员和有共同生活关系的非家庭成员两类。

一、家庭成员

家庭成员是家庭暴力侵害的关系主体中的最主要类型。家庭成员是一个耳熟能详的用语,在我国立法中被广泛使用。然而,何谓"家庭成员",确定其的标准是什么?在我国《宪法》《民法通则》《婚姻法》中并没有界定。学理上,有学者建议"将具有权利义务关系的亲属作为划定家庭成员范围的基本标准"。也有学者直接对此做出界定,认为"家庭成员是指依法享有一定权利和负担一定义务的亲缘关系最近的近亲属,包括父母与子女、夫与妻、兄弟姐妹、祖父母与孙子女、外祖父母与外孙子女"。两种见解的主要依据是现行《婚姻法》。

现行《婚姻法》在第三章家庭关系中,确立了夫妻、父母子女、兄弟姐妹、祖孙四类近亲属间的权利义务。现行继承法所列法定继承人范围也与《婚姻法》的上述规定吻合,夫妻、父母子女、兄弟姐妹、祖孙因此享有相互继承

遗产的权利。儿媳与公婆、女婿与岳父母之间,通常情形下互不享有法定权利,也不承担法定义务。可见,依照现行法,家庭成员仅限于配偶及上述所列血亲,并不包括儿媳与公婆、女婿与岳父母等姻亲。显然,这是有局限性的。反家暴法对于家庭成员范围的界定,既要注意与现行婚姻法、继承法的对接,又要基于反家暴立法的宗旨,有所突破。反家暴法第二条所谓"家庭成员"的范围,除包括婚姻法确立的夫妻、父母子女、兄弟姐妹、祖孙四类亲属外,还应将儿媳与公婆、女婿与岳父母等姻亲纳入。这是因为,一方面,现实生活中,夫妻双方发生纠纷后常会波及对方的父母(公婆或岳父母)及其家庭成员(姑嫂叔伯等)。对于姻亲间的暴力冲突,实务中常将之作为家庭暴力对待。另一方面,我国家庭的少子化和结构单一化成为普遍状态,姻亲尤其是直系姻亲,即便不在同一屋檐下共同生活,也不可避免地发生着情感的、经济的联系。故应将一定范围内的姻亲纳入法律的调整范围。

二、有着共同生活关系的非家庭成员

反家暴法不仅要规制婚姻家庭内部的暴力,还要预防和制止其他亲密关系中的暴力行为。我国反家暴法最终将之表述为"家庭成员以外共同生活的人"。反家暴法第三十七条所谓"共同生活"的含义,当然不是指亲属间的共同生活,而是指非家庭成员之间基于某种特殊的情感关系或依法具有类似于家庭成员的权利与义务而形成的共同生活关系。非家庭成员间的共同生活关系类型,既包括由恋爱所形成的非婚同居关系,也包括依法形成的监护、扶养、寄养关系,同时,还包括家庭成员以外的其他亲属之间形成的事实上的共同生活关系。

反家暴法将有着共同生活关系的非家庭成员之间的暴力纳入规制范围,是因为:(1)扩大该法调整的关系主体范围,是反家暴法的性质决定的。反家暴法是社会保护法,不是婚姻家庭法。它所调整的关系主体范围可以不与《婚姻法》完全重合。不仅如此,在我国新近颁行的处理家庭暴力犯罪的相关规定中,已将因监护、扶养、寄养、同居等关系而共同生活的人们之间的暴力犯罪纳入家庭暴力犯罪范畴。(2)这些非家庭成员间有着情感的、经济的依赖性,彼此关系接近或类似于"家庭成员关系"。他们之间暴力的特征也与家庭成员间的暴力非常相似,例如:暴力行为反复发生,具有周期性;暴力行为发生后外界难以知晓,具有隐蔽性;加害人行为的动机常常是为控制对方等。(3)扩大调整的主体范围是国际反家庭暴力运动经验的总结,也被许多国家及地区立法所采纳。

范某与王某婚后开有一汽车配件商店。王某的兄弟及父亲总是来该商店闹事,并向范某要钱,范某若不给,王某的兄弟及父亲就对范某进行殴打,范某无奈报警。警察出警后,王某的父亲看到警察来调查,就躺在地上谎称自己被范某殴打。警察看到王某的父亲已七十多岁,由于其年事已高,也无法认定王某的父亲殴打了范某。由于王某父亲和兄弟把店里的货物全部拉走并多次殴打范某,还挑唆王某与范某分居,范某无奈,提起离婚诉讼。庭审结束后,王某的父亲又拿两瓶矿泉水殴打范某,被法警制止。本案就是岳父对女婿实施的家庭暴力。

马某与许某于 2012 年 11 月 2 日经法院判决离婚,女儿由马某抚养。判决生效后,许某拒不搬出马某房屋,还要求与马某同吃、同睡,限制马某的人身自由和社会交往。马某稍有不从,许某就对其辱骂和殴打,并多次威胁马某。法院强制其搬离后,他仍然借探视女儿为由,多次进入马某家中对其实施威胁,还经常尾随、监视马某的行踪,不仅使马某的身体受到伤害,还使其处于极度恐惧之中。这就是典型的"分手暴力"。

世界各国、我国台湾地区及国际社会对家庭暴力的界定

一、主体范围

韩国《惩治家庭暴力专项法案》第二条规定:(1)家庭暴力是指发生在家庭成员之间的,造成肉体、精神或财产上的损害的行为。(2)家庭成员是指任何符合以下规定者:①配偶(包括任何法定结婚的人,此后类同)和任何有配偶关系者。②任何是或曾是其或其配偶的直系尊亲属或后代的(包括法定领养、血亲关系,此后类同)。③任何与其继父母有或曾有父母子女关系的,是或曾是其父亲法定配偶的私生子的。④任何有直系亲属关系并且共同居住的。

我国台湾地区则定义为:家庭暴力指家庭成员间实施身体或精神上不法侵害之行为。家庭成员包括下列各员及其未成年子女:①配偶或前配偶。②现有或曾有同居关系、家长家属或家属间关系者。③现为或曾为直系血亲或直系姻亲。④现为或曾为四亲等以内之旁系血亲或旁系姻亲。

1994年马来西亚家庭暴力法规定对配偶、子女、无行为能力人或家庭中的其他成员故意、蓄意或试图实施人身、性、财产的伤害的行为为家庭暴力。

在非洲国家,例如1998年南非反家庭暴力法规定:凡结婚的,或曾有过婚姻关系的,以夫妻名义同居的,是孩子的父母或承担父母角色的责任人的,有过事实上或被认为有浪漫的、亲密的或性关系的人,均称为家庭关系。

二、表现形式

联合国经济及社会理事会《家庭暴力示范立法框架》规定:所有这些由家庭成员对家庭中的妇女施加的以性别为基础的肉体上的、精神上的以及性的侵害行为,从简单的攻击到严重的肉体上的殴打、绑架、威胁、恐吓、强迫、盯梢、口头上的侮辱漫骂、强行或非法闯入住宅、纵火、损坏财产、性暴力、婚内强奸、因嫁妆或聘礼引起的暴力、女性生殖器残害、强迫卖淫、对家务工作者的暴力以及具有上述行为倾向的行为都可视为"家庭暴力行为"。

南非在1998年反家庭暴力法中的"家庭暴力"是指:(1)肉体虐待;(2)性虐待;(3)情感、言语和精神虐待;(4)经济虐待;(5)恐吓;(6)骚扰;(7)盯梢;(8)损害财产;(9)双方不住在一起时,未经同意擅闯原告住所;(10)任何其他的针对原告的控制和虐待行为。这些行为一旦发生,将给原告的人身安全、健康或幸福带来伤害。

1986年,联合国有关家庭暴力问题专家委员会在报告中指出:家庭暴力不仅仅局限于人身暴力和性暴力,还包括精神、情感和经济方面。他们将家庭暴力的定义表述为:"家庭内的暴力表现为人身虐待,往往重复发生,并与精神折磨、忽视基本需要和性骚扰等行为相互有关;暴行一般发生在有抚养关系的最亲近的家庭单位内,使受害者遭到严重的伤害;一再发生的暴行应与偶尔发生的暴行相区分;偶然发生的事件如不立即采取紧急干预,这种行为往往会重复发生并趋于严重。"

联合国在1992年通过的《消除对妇女的暴力行为宣言》中"对妇女的暴力行为"是指对妇女造成或可能造成身心上或性行为上的伤害或痛苦的任何基于性别的暴力行为,包括威胁进行这类行为,强迫或任意剥夺自由,无论其发生在公共生活还是私人生活中。

在加拿大,家庭暴力被界定为:"由施暴者使用暴力、胁迫、懈怠或疏忽等方式对另外的人的行为,该行为对于被侵犯人在生理和心理上的完整性

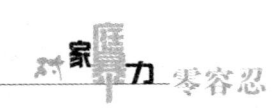

或她的权利、自由以及情感都有损害。"

菲律宾法律对"针对妇女及其子女暴力"做出界定,指出"针对妇女及其子女暴力"是指"发生在家庭场所之内或之外的,对妻子或前妻、有性关系或约会关系的女性、有共同子女的女性,或者对嫡(亲)生或非嫡(亲)生子女所实施的,造成对方身体、性或者精神伤害和损害的行为"。

在新西兰,《家庭暴力法案》在1995年12月获得通过并于1996年7月施行。该法案对家庭暴力做出了较为宽泛的解释,在内容方面包括了身体、性和心理伤害,在主体方面不仅包括异性夫妻,,而且包括了"伴侣"和"任何按照婚姻的本质关系共同生活的人(无论是同性还是异性,无论现在或过去能否合法地缔结婚姻关系)。

越南法律对家庭暴力概念采取例示主义,既有概括性的规定又具体列举了家庭暴力的行为。规定,家庭暴力是指特定家庭成员的有目的的行为意图促使或者可能引起对其他家庭成员身体、精神或者经济方面的损害。指出,家庭暴力行为包括:

(1)对人体的殴打、虐待、酷刑或者其他有目的的意图导致危害健康和生命的行为。

(2)侮辱或者其他故意打击自尊心、荣誉和尊严的行为。

(3)孤立、避开或者给其他家庭成员制造持久心理压力,造成严重后果。

(4)禁止祖父母、外祖父母与孙子女、外孙子女,父母与儿女,夫妻,兄弟姐妹之间行使法律权利和义务。

(5)强迫进行性行为。

(6)强迫儿童婚姻、强迫婚姻、强迫离婚以及其他破坏自由婚姻行为。

(7)挪用、减少或者破坏其他家庭成员的私人财产或家庭成员的共同财产。

(8)迫使其他家庭成员过度工作或者在其能承受范围之外要求贡献更多收入;控制其他家庭成员收入以迫使其经济依赖。

(9)以非法行为将其他家庭成员赶出居所。

1994年马来西亚家庭暴力法规定对配偶、子女、无行为能力人或家庭中的其他成员蓄意或试图实施人身、性、财产的伤害的行为为家庭暴力。

日本的《配偶暴力防止及被害人保护法》第一条规定:本法律的所谓"配偶暴力",是指配偶(含虽然没有进行婚姻登记,但事实上处于与婚姻关系同样情况下者)实施的对身体的不法攻击,对生命或者身体带来危害的行为。本法律中所谓"被害人",是指受到配偶暴力者(含受到了配偶暴力之后解除了婚姻者,又继续受到来自该配偶的生命或者身体危害的危险者)。

摩尔多瓦《家庭暴力法》把家庭暴力定义为:除了自我防卫或为了保护其他人不受侵犯,某位家庭成员针对其他家庭成员,包括针对儿童、家庭共有财产和个人所有财产的任何形式的通过身体虐待、性、心理、精神或经济上的虐待或引起物质和道德上的损害的具有身体和语言性质的作为和不作为。

我国台湾地区《家庭暴力防治法》第二条规定:本法所称家庭暴力者,谓家庭成员间实施身体或精神上不法侵害之行为。本法所称家庭暴力罪者,谓家庭成员间故意实施家庭暴力行为而成立其他法律所规定之犯罪。本法所称骚扰者,谓任何打扰、警告、嘲弄或辱骂他人之言语、动作或制造使人心生畏怖情境之行为。

家庭暴力的特点

一、广泛性

家庭暴力是不分社会阶层、民族、地区、职业、文化水平的普遍的社会问题,在不同历史时期,不同的社会制度下都普遍存在,是人类社会的陋习和悲哀,而且,并没有随着物质文明的进步而在根本上发生改变。调查显示,家庭暴力的发生与加害人的学历、教育程度、社会地位没有关联性,高学历、高收入、领导干部,低学历、低收入、普通人群中都广泛存在家庭暴力现象。家庭暴力是一个经常性的行为,是一个随时间慢慢推移的过程,是一个长期性和渐进性并存的过程。

二、隐蔽性

家庭暴力发生在具有血缘关系或无血缘关系的家庭成员之间,发生地一般又多在家里,外界不容易看到,鲜为人知,而家庭内部的事情普遍被看作一种个人隐私,受害者往往出于隐私、碍面子或者害怕带来更坏的处境等原因,不愿曝光或不敢曝光。城市的家庭暴力比农村更隐蔽,教育程度和社会地位越高,家庭暴力的隐蔽性越强。另外一方面,公众对身边发生的家庭暴力的漠视和习以为常,使人们对家庭暴力现象也常常视而不见。司法机关一般也不主动介入,而且被害人特别是女性,在受到侵害时,宁可在家忍气吞声,也不愿声张。暴力发生时受害者常处于无防备状态,处于危险环境中的时间较长。

三、习惯性

在夫妻关系中的施暴者往往是男性,而实施家庭暴力并非男性与生俱来的天性和本能,而是在成长过程中耳濡目染慢慢被教化出来的结果,是很多男性在社会化的过程中,在男子汉气质的养成中形成的,是与伴侣沟通的方式和控制伴侣的手段。不平等的社会性别意识、制度和习惯,在社会过程中起到了至关重要的作用。它们潜在地教化了男性使用暴力对待自己的伴侣。对已发生的暴力行为的纵容,则进一步助长了施暴者的暴力倾向。一般来说,从小目睹或遭受家庭暴力会使一些男性更容易学会使用暴力处理与伴侣及其他家庭成员的关系,同时,也会使一些女性对家庭暴力习以为常,更能忍受暴力。

四、周期性和反复性

家庭暴力的发生是有周期性的。它通常分3个阶段。第一阶段是紧张情绪的积累阶段。在这一阶段中,两人关系开始紧张,口角、谩骂和轻微家庭暴力时有发生。受害人为了避免挨打,拼命设法迎合施暴人的意思,甚至逆来顺受。受害人的种种努力,虽然能延长这一阶段的时间,但家庭暴力按照其内在的发展规律,注定要进入第二阶段,即家庭暴力爆发阶段。在这一阶段中,严重家庭暴力不可避免地发生。施暴人的怒气完全失控,动辄打人,甚至将受害人往死里打,受害者通常会受伤或致残。有时候,当受害人意识到家庭暴力不可避免时,她甚至会有意识地提前"引爆",以便赶紧过这一关而进入双方关系的平静期。第三阶段是施暴人道歉和两人重归于好阶段。施暴人施暴后,由于紧张情绪得到释放,又由于看到受害人身上的伤痕,通常会感到后悔,会向受害人道歉,请求原谅,并保证永远不再动粗。施暴人在这一阶段表现出的真诚道歉和爱意,使受害人产生家庭暴力能够停止的幻想。因而对这种时好时坏的暴力婚姻抱有希望。但是,两人重归于

好度过相对平静的一段时间后,随之而来的一切又都重新开始,且家庭暴力的程度越来越严重。加害人往往屡悔屡犯、始终不改。道歉、忏悔只是当家庭暴力暂时失效时,加害人借以达到继续控制受害人的手段而已。暴力周期的不断重复,使受害人感到无助和无望,因而受制于加害人。

　　人们往往以为离婚后暴力自然就停止了,但是,引发家庭暴力的内在动机是加害人内心深处控制受害人的需要。一般情况下,这种欲望不仅不会因为离婚而消失,反而会因为受害人提出离婚请求受到刺激而增强。因此,一旦受害人提出分手,加害人往往先是采取哀求原谅、保证下不为例以及利用子女等手段来挽留受害人。然而,如果哀求不奏效,加害人往往就会转而借助暴力或实施更严重的暴力手段来达到控制目的,因而出现"分手暴力"。这种现象在夫妻分居或者离婚后相当普遍。一般情况下,有3种情况可以预测发生分手暴力的危险:一是加害人之前有过身体暴力或暴力威胁行为,二是加害人和受害人居住地相距不远,三是加害人猜忌受害人有第三者。

五、控制性

　　加害人在人际关系处理上,一旦认为受害人违背了他的意志,就会采取暴力手段迫使受害人服从,而不是采取其他有效的人际沟通方式以实现自己的目的。加害人自身的经历使他难以找到其他可替代性的人际沟通方式,或者其他的沟通方式无法实现其控制受害人的目的,加害人就选择暴力的方式来实现自己控制受害人、让受害人"听话"的目的。

六、形式多样性

　　家庭暴力表现形式多样,有肉体损伤(占21%~34%)、性攻击(占34%~59%)、精神情感上的折磨(如伤害,恫吓威胁,使之极度嫉妒,对其剥夺占有,对其进行躯体上或社会上的隔离、孤立等)等形式。对受害者来说,多种暴力形式常合并出现,且反复发生,越来越重。施暴者对受害者进行肉体上的攻击可表现为:用武器袭击或打击,用拳或物击打,踢,掌掴,用武器(刀、枪)威胁等,合并出现,且反复发生,越来越重。受害者的损伤特点包括:挫擦伤,小的撕裂伤,主要集中在头面部、颈部、躯干部,与其他致伤原因、类型比,胸部、腹部损伤较为常见。

七、对象的特定性

家庭暴力对象的特定性主要表现为施暴人与受害人之间存在身份的相对特定性。一方面,施暴人与受害人是在同一家庭中共同生活的成员,施暴人人格障碍占家庭暴力的1/4,其中以反社会型人格家庭暴力障碍和冲动型人格障碍居多。另一方面,家庭暴力中最普遍、最严重的受害人是弱势家庭成员,主要是妇女、儿童和老人,其中尤以女性居多并突出地表现为受害人是施暴人的妻子这一特性。

家庭暴力的成因

一、历史原因、社会原因及"男尊女卑"思想的影响

家庭暴力的根源是社会性别歧视。中国几千年"重男轻女""男尊女卑"的传统封建思想依然影响着现代家庭的格局,使得妇女在经济地位上不同程度依附于男性。男性一直处于家庭中的强势地位。他们基于社会赋予的权利而控制着女性的人身自由甚至是思想,即他们钳制着女性的一切,把女性当作附庸品。丈夫不把妻子看作具有平等地位的独立的人,而是一味地将妻子视为"私有财产"。"娶回的老婆买来的马,任我骑来任我打",由不得女性说半个"不"字,稍不如意,就依仗男性身强体壮的优势,强迫女性服从自己。他们并不认为家庭暴力是一种违法犯罪行为,只把它当作是"家务事"。做丈夫的总是将打老婆视为天经地义的事,而有些妇女在封建思想影响下,也将自己完全依附于丈夫,失去了独立人格,一旦被丈夫殴打,认为是家庭丑事,不便声张,委曲求全,这样更纵容了丈夫的施暴行为。这是家庭暴力的历史原因和思想根源。从社会角度来看,一是我国妇女的地位存在事实上的不平等,二是社会上多数人认为"家庭暴力是家庭内部的事""清官难断家务事"而不多加干涉。劳动社会化程度不高、生育风险还基本上由女性自身承担等诸多因素的影响,使女性处于下岗、失业率高、再就业难的境地。男女两性收入还存在一定差距。与男性相比,女性仍属于低收入群体。

在农村,特别是边远贫困地区的妇女,大部分还没有独立的经济来源和家庭经济支配权,这就造成了其在经济上过于依赖丈夫的事实。一些女性甚至被丈夫视为生活上的累赘,常因向丈夫索要生活费遭到家庭暴力。

具体分析产生家庭暴力的原因,主要表现在:

1.婚外情导致家庭暴力

伴随着改革开放,人们的思想观念发生了深刻的变化。一些人在各种传统的、现代的,本土的、外来的思想文化或观念习俗的激烈碰撞中,思想迷失了方向,道德观念特别是婚姻道德观念发生了错位。一些男性以拥有"婚外情"作为向人炫耀的资本,有的在外与"二奶"长期非法同居,生儿育女。回家则对妻子"横挑鼻子竖挑眼",使妻子"左右不是",以种种借口逼迫妻子离婚。更有甚者,将所包"二奶"带回家中居住,把妻子赶出家门。妻子稍有反抗,则会招致家庭暴力。

2.一些男性性格扭曲、品行不端直接引发家庭暴力

一些男性性格扭曲,常常无端怀疑妻子生活作风不检点,不许妻子和别的男性说话,不许妻子外出打工赚钱。妻子若有反抗,就会遭到家庭暴力。一些男性沾染上不良习惯,整天贪于玩乐,游手好闲,在外赌博、酗酒、嫖娼,无所不为。这些人无家庭责任感,有不顺心的事就回家向妻子、孩子耍威风。如在外赌博输钱后,逼妻子出去借钱,借不来就会使用暴力。妻子若欲提出离婚,男方就扬言要杀其全家。在丈夫威逼恐吓下,妻子常常忍气吞声,不敢告发。

3.严重的大男子主义思想作祟引发家庭暴力

一些男性大男子主义思想根深蒂固,总是以居高临下的心态任意摆布和欺侮妻子,以发威和打骂妻子为能事,常常因一点点生活小事对妻子大打出手,以此来满足自己"男子汉大丈夫"的自尊心。

联合国《消除对妇女的暴力行为宣言》指出,发生在不同场合的对妇女的暴力行为(家庭暴力、社区暴力以及国家实施或者国家不追究的暴力)的共同根源,是"历史上男女权力不平等关系的一种表现,此种不平等关系造成了男子对妇女的支配地位和歧视现象,并妨碍了她们的充分发展"。也就

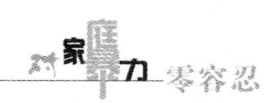

是说,对妇女的暴力行为不是随意的、个别的过失行为产生的结果,而是一种根深蒂固的行为,其根源在于男女之间不平等的社会关系结构;对妇女的暴力行为是歧视的一种形式,是一种社会机制。

二、法律制度上的缺失

我国于2015年12月27日第十二届全国人民代表大会常务委员会第十八次会议通过了《中华人民共和国反家庭暴力法》,并于2016年3月1日起实施。在此之前,关于家庭暴力防治的规定主要见于《宪法》《妇女权益保障法》《治安管理处罚法》等法律法规中。新《婚姻法》的颁布标志着反家庭暴力及其救助措施第一次以国家法律的形式出现。新《婚姻法》虽然对家庭暴力做出了相关规定,但是立法上还是存在很多不足,具体表现在:(1)没有将强迫过性生活、摧残性器官等性暴力规定在法律中,不利于对家庭暴力受害者权益的保护。(2)新《婚姻法》第四十六条对因家庭暴力而离婚的受害方赋予了损害赔偿请求权,而对未离婚的受害方并没有提供相关保护。(3)对举证责任并没有明确规定,造成了当事人举证难的困境。主要有:第一,行为通常具有隐蔽性,难以收集证据;第二,有些邻居虽然对上述情况有所了解,但出于维护邻里关系的考虑,或者为了避免给自己招惹麻烦,通常也不会出庭作证;第三,以偷拍、偷录等方式取得的证据资料的合法性存在争议。

现行《妇女权益保障法》的不足表现在:(1)整部法典的内容尚待充实。关于妇女法律权益的规定更多地表现为授权性规范,规定妇女权益的内容显得过于分散,关于法律责任的规定缺乏可操作性。(2)适用法律困难。我国《妇女权益保障法》公布实施以来,我们很少见到根据该法或从维护该法保障的妇女权益出发而判决的案件。这种现象的存在有人们漠视女性权益的因素,但《妇女权益保障法》自身缺乏完整而独立的体系和可操作性的法律规范等因素是重要原因。

三、救助渠道不畅通

在我国,由于受传统文化的影响,"清官难断家务事""夫妻劝合不劝分"

这些观念已在人们的思想中根深蒂固,司法机关或社会组织不愿过多主动介入家庭暴力,社会公众也将"家庭暴力"视作隐私而"视而不见"。因此,一旦发生家庭暴力侵权,受害者便往往投诉无门。

四、女性自我保护意识不强

在我国,一旦发生了家庭暴力,只要不是达到"忍无可忍"的地步,受害者特别是女性大都会忍气吞声。女性的自我保护和维权意识普遍不强,"家丑不可外扬"的传统观念使受害妇女往往羞于寻求法律救济。

五、有关部门对家庭暴力问题重视不够

在我国传统的家庭观念中,家里发生的事都是家务事,应在家庭内部解决。对家庭暴力这样已经侵犯人权、触犯法律的事,不少人至今还抱着这是"个人私事"的观念。一些执法人员也以"清官难断家务事""法不入家门"为由,不愿对家庭暴力案件过问和干预。有些单位的领导认为家庭暴力是一般家庭内部事务,不予过问,不予干预。有的法官对于受害妇女因不堪忍受家庭暴力请求离婚的诉讼,一味调解和好而不判决离婚,从而使施暴者更加肆无忌惮地实施暴力行为。

六、法律宣传和教育不够广泛和深入

许多公民没有意识到家庭暴力是侵权行为,是违法行为,而社会舆论对此采取宽容态度而未能给予及时、严厉的谴责,对施暴者没有威慑作用。

家庭暴力的危害

一、家庭暴力侵犯了受害人的合法权益

家庭暴力严重地侵害了受害人的生命健康权、人身自由权、婚姻自主权以及性权利等身体权利,使其受到肉体的伤害和痛苦,甚至有可能直接导致受害人的重伤、死亡。此外,由于家庭暴力的实施者和受暴者之间存在特定的人身关系,同时基于"家丑不可外扬"的错误观念,使得受暴者不愿意求助于法律或相关部门。这无疑就更加助长了施暴者的嚣张气焰,使其更加无所顾忌,导致家庭暴力出现长期的恶性循环,对受暴者的身体伤害会更为严重。家庭暴力伴随着对受暴者的精神摧残,精神上的伤害是内在的,不能被看见的,因而也就容易被人忽视。精神的创伤往往比身体上的创伤更难以愈合。遭受家庭暴力的受害者长期生活在高度紧张而又极度恐怖的环境中,心里充满了恐惧与悲哀。当暴力超过了受暴者自身的承受能力时,有些人被迫走上了犯罪的道路,从家庭暴力的受害者变成了害人者。因此,家庭暴力也就成了诱发家庭性犯罪的重要原因,如虐待罪、遗弃罪、重婚罪、故意杀人罪以及故意伤害罪等。

家庭暴力侵犯了家庭中的弱者,如妇女、儿童、老人、残疾人这一群体的合法权益和身心健康。据全国妇联组织的抽样调查表明,有16%的女性经历过被配偶殴打,另有5%和2.6%的女性有过被配偶精神伤害和性虐待的情形。据重庆晨报的调查显示,38.06%的被调查者承认,在自己家庭中发生过家庭暴力;9.78%的被调查者称,家庭暴力发生的概率达到每个月5次以上;87.24%的家庭暴力发生在夫妻之间;12.76%的家庭暴力个案发生在父母与子女或者婆媳之间。未成年子女遭受家庭暴力的现象虽然是普遍存在,但却往往因受害人处于弱势地位和惧怕心理而不敢直言。

二、家庭暴力诱发违法犯罪

家庭暴力引发违法犯罪的事例并不罕见。有一些妇女长期生活在暴力阴影之下无法解脱,绝望之中选择了"以暴抗暴"的极端方式。据调查,在某女子监狱一千多名服刑女犯中,其中一百多人是因为杀夫入狱,其中一部分杀夫是因不堪忍受暴力的虐待而选择铤而走险的犯罪方式。有少数未成年子女由于长期生活在暴力环境之中选择了杀死父母的极端行为。父母因教育方法简单粗暴,长期使用暴力使未成年受害人不堪忍受虐待而将家长致死的犯罪案件举不胜举。还有部分未成年子女因对家长的暴力行为恐惧和憎恶而不敢或不愿回到家中,浪迹社会受不良行为感染导致违法犯罪的问题更是令人痛心。这既是家庭的悲剧,也是青少年违法犯罪这一突出社会问题的原因之一。

三、家庭暴力危害婚姻家庭的稳定

家庭暴力危害婚姻家庭的稳定,对于感情基础牢固或不牢固的婚姻都有严重的破坏作用。在许多解体的家庭中,常能发现由于家庭暴力催化导致婚姻的解体。在一些不稳定的婚姻家庭中,有可能弥合感情的夫妇也会因家庭暴力使受害者与施暴者更加离心离德,促使受害者寻找另外的精神寄托而与他人产生婚外情,最终毁掉原来的婚姻家庭。由此出现第三者插足形成更多不幸的家庭,使两个家庭的未成年子女产生不良心理,出现许多"问题少年",引发其他不良社会后果。也有的家庭由于存在暴力行为,使一些家庭成员长期处于悲观厌世的状态而难以自拔。严重的家庭受害人铤而走险最终导致"走向极端",成为产生伤害和杀害的施暴者。还有的走向自

杀的道路。

四、家庭暴力的出现严重影响少年儿童的生理发育和心理素质

家庭是孩子成长的摇篮,父母是孩子的启蒙老师,家庭的氛围、父母的言行会对孩子产生重大影响。一方面,如果一个家庭中硝烟弥漫,剑拔弩张,那么,孩子的人格很难健全。父母之间的暴力以及父母对孩子的暴力,会对儿童的精神发育带来严重影响,导致他们在成年后也以粗暴的态度对待父母、配偶、子女,这就是暴力的代际传承。一般来说,多数施虐者在儿童期有被别人虐待的经历。经常打骂孩子的家长,其父母往往也是性格暴躁、易怒之人,因此,成年后自然而然会对自己的孩子实施粗暴的教育方式。有项研究指出,在父母经常使用暴力的家庭中成长起来的男人,对妻子施虐的比例是那些在和睦家庭中成长起来的男人的10倍;在各自的父母和睦相处的年轻夫妇中,只有2%的家庭发生对配偶的暴力伤害。另一方面,成长在一个对其过于溺爱的环境中的孩子,在心智、情感方面可能也不健全。现代家庭中的孩子基本上都是独生子女,长辈尤其是爷爷、奶奶都很宠爱他们。在城市,各方面条件都比较好,孩子受宠程度自不用多说;即便在农村,很多青壮年夫妇外出务工,通常把孩子留给老人照顾,对于这样的孩子,老人们也是极尽溺爱之能事。家庭教育的缺失往往令他们只懂得索取却不懂得回报,从而助长了其自私自利的心理,这也为家庭暴力埋下了伏笔。

据相关调查分析显示:暴力家庭的孩子,其中54.6%会成绩下降,20.8%不爱回家,12.8%性格扭曲以至违法犯罪。一部分在暴力环境下长大的儿童成为暴力施行者的潜在人群。我们可以想象一个在家庭暴力的环境中长大的孩子,他未来的路的走向大概有两种:一种是由于内心深处有恐惧心理不愿与别人交往,心灵闭塞,形成忧郁的心理特征;另一种是仿效其父辈行为,在新的家庭中成长为家庭暴力的施暴者。

五、家庭暴力不利于和谐社会的建设

家庭暴力侵犯家庭成员的合法权益,在一定条件下引发青少年和其他家庭成员违法犯罪,诱发家庭的悲剧,妨害婚姻家庭关系的稳定和谐,对社会整体发展进步产生不良影响。家庭是社会的细胞,家庭暴力妨害婚姻家庭的稳定和谐,也必然危害社会的稳定和谐。

家庭暴力也严重地危害受害人的健康成长。很难想象,生活在一个充满暴力、恐惧和怨恨的家庭中,其家庭成员会是幸福快乐的。在这样家庭中的未成年子女,深受家庭暴力的影响,其生理、心灵上必然会受到较大的伤害。家庭暴力会给他们留下灰暗、痛苦的心理阴影。在这种家庭环境中成长起来的子女,大多数患有恐惧、焦虑、孤独、自卑、不相信他人等心理障碍。这些人成年后,很可能成为新的家庭暴力的实施者,形成恶性循环;这些心理不健康的人也可能成为危害社会人群的后备成员。

对家庭暴力的错误认识

一、家庭暴力是家务事,不需要别人插手和干涉,"家丑不可外扬"

家庭暴力不是家务事。只要使用暴力伤害他人就是侵害人权的违法行为,需要公权力干预和制止。家庭暴力虽然发生在私人领域,但它不是个人隐私,而是人权问题、社会问题、发展问题。我们理应尊重和保护隐私,但家庭暴力是对人权的侵犯,已不属于隐私范畴。在法律上和实践中以隐私为借口而拒绝介入家庭暴力的做法,纵容了暴力,加重了对受害者的伤害。

二、家庭暴力主要发生在落后地区和没文化的人的身上

"只有没有知识的人才会打老婆""家庭暴力在农村比较普遍",人们之所以有这种印象,是因为经济条件和文化程度会影响当事人应对家庭暴力的方式方法,使家庭暴力的暴露程度有所不同。事实上,所有人群中都有可能发生家庭暴力,富裕和教育良好的人也有可能是施暴者或受害者。是否会发生家庭暴力,并不取决于当事人的社会身份,而取决于他们对性别角色及关系的认识、周围环境对家庭暴力的态度以及法律对家庭暴力的惩罚力度。

三、大多数受害者自己也有过错

这是施暴者经常用以自辩的借口。其实他们所指的过错往往是以不平

等的性别规范和男性标准界定的,例如不顺从、没有服侍好丈夫和家人、自主外出娱乐交往等,这些根本就不是妇女的过错。即使妇女真的有错,也不是遭受暴力的借口,任何人都无权使用暴力对待他人。

四、施暴者是因为脾气不好或是有病

在谈到施暴者失去理性而殴打妻子时,很多人会说"他有精神病或心理障碍""他无法控制自己""他的压力太大"等。其实,施暴者中真正"有病"的只是极少数,他们当中的绝大多数对自己的行为是有控制和选择的,他们不会在公共场所对别人施暴,更不敢向给他压力的客户或上司施暴,而只是向比他们更弱、难以反抗的妻子发泄。由此可见,酗酒、"有病"、"有压力"等都是施暴的借口。如果施暴者真的因病理原因而导致行为失控,那么,他们就应该接受约束和治疗,以避免继续伤害他人,然而事实是这些人基本都拒绝接受矫治和辅导,这更说明所谓"有病"纯属是为自己开脱。

五、受暴者不愿离开暴力关系,说明这是一个愿打一个愿挨

人们往往对暂时不愿意或不能与施暴者分手的妇女感到失望,恨铁不成钢,甚至不愿再提供帮助。妇女忍受暴力是因为种种限制,如就业、经济、孩子住房上学等问题,并不代表她们不愿离开或喜欢受暴。受害人的人身安全没有保障,或者不能获得基本的生存条件,或者不能为社会所容的话,她们就不得不放弃。

六、女人对男人施暴不值一提

妇女对丈夫或男友施暴的现象确实存在,也同样应该反对。不过,我们应该看到:从统计上看绝大多数家庭暴力是男性对女性实施的。女性对男性施暴的比例较低,而且,暴力的严重与危险程度通常也较低。但是,这并不是不关注男性受暴者的理由。男性受暴者可能更羞于求助,男性实际受暴的数字很可能被掩盖了。

七、丈夫打妻子不对，但父母打孩子可以理解

随着社会对配偶暴力关注程度的提高，人们对配偶暴力甚至恋爱关系中的暴力相对比较敏感了，大多数人也反对这样的家庭暴力。但是，父母对子女的暴力仍被很多人认为是正常的、可以理解的。对针对儿童的家庭暴力的实质、危害性，社会还认识得比较模糊，也严重缺乏相应的干预措施。

对儿童的暴力行为是对儿童权利的侵犯，对儿童的暴力也是基于性别的暴力，女孩受暴往往与对男孩偏好、性别歧视有关；男孩受暴则与"望子成龙""不打不成才"等支配性男性气质的养成有关。暴力不但严重影响儿童的健康成长，还会造成暴力的代际传承。儿童期处于高度暴力环境的人，长大后较容易成为施暴和受暴者。我们要旗帜鲜明地反对所有的暴力，包括家庭中对儿童的暴力。

八、施暴者咎由自取，不值得同情

施暴者既是家庭暴力的加害者，在一定意义上也是家庭暴力的受暴者。施暴者也有他们自己的困惑和痛苦，他们对性别关系的错误看法、不良情绪和暴力行为，是文化塑造的结果，其个人应该为暴力承担责任，但同时他们也需要帮助。在对施暴者的辅导与矫治中，应该引导他们反思自己与配偶的权力关系，促使他们自发地改变观念和行为，而不是简单地要求他们自我压抑。干预家庭暴力最重要的目标和原则是维护家庭和谐，离婚和分手是所有人都不愿看到的事情。我们总是祝福所有的家庭都能始终稳定幸福，因此，即使发生了家庭暴力，很多人仍然寄希望于夫妻双方相互谅解、言归于好。人首先是独立的个体，其次才是某个家庭关系中的角色，人都有独立的不受暴力侵犯的权利，家庭关系也不能成为暴力不受干预的挡箭牌。干预者的责任就是制止暴力、保障人权，至于家庭是否还要维系，如何维系，这只能是当事人的自主选择，其他人不能把自己的愿望强加到当事人身上，更不能以维护家庭和谐为由回避干预的责任。

DUI JIATING BAOLI LINGRONGREN

第二章
我国家庭暴力案例

家庭暴力典型的案例涉及夫妻家暴、亲子家暴、老年人家暴、同居者家暴等不同类型。通过对案例的评析,使受害者了解家庭暴力的具体手段、实质和危害,能对受害者起到普法和维权的启发作用。

案例一：受害人忍受多种形式的家庭暴力

党某躺在病床上接受治疗,其双眼几乎被开水烫瞎。深夜,熟睡中的她只感觉头上猛地挨了一棍,就晕了过去。苏醒过来时,她发现已被丈夫邵某绑住手脚。丈夫用毛巾塞住她的嘴巴,她试着挣扎,丈夫即用拳头殴打她。接下来,丈夫像发了疯一般,用烧红的铁锤去烫党某的乳房和下体;用电工钳拔掉其门牙;用开水浇其眼部,致其眼睑严重烫伤,将近4个小时的残酷虐打中,她昏死过去。等她再次醒来,丈夫已不见踪影,她忍住剧痛挣开手上的绳索,天亮时爬至一家小卖部旁,才被村里人发现,报警获救。党某与邵某属于离异重组,并且她为他生下一子,如今已一岁半。然而这段维持了不到三年的感情,终因这样一起残忍的伤害事件走到了尽头。

党某35岁,已经历了两次婚姻的失败。邵某一年之内,打工时间不会超过三个月,属于好吃懒做型。"他喜欢赌牌,向不少人借了钱。"党某说,"赌输了回家,他就拿我出气。"如今,噩梦终告一段落,党某却已被折磨得不成人形,重伤躺在了医院。谈到丈夫邵某,病床上的党某禁不住浑身战栗:"你们一定要救救我,他真的会杀我全家。"

党某曾一度认命,她说:"嫁鸡随鸡,嫁狗随狗。她们都劝我要忍耐。"丈夫的好吃懒做与动手打她,她还可找人倾诉排解,但有些问题却让她在很长时间内羞于启齿。昭某性欲旺盛,对妻子的要求几乎每天都有,连她来例假都不放过。"他对我很粗鲁,我每次都害怕做这些事情。"党某说。邵某在老家的床板下放了一把刀,有时候她拒绝,丈夫就会拿刀出来恐吓她。

党某说,她对邵某已经没有了夫妻之间的感情,仅剩下恐惧。她想离婚。"他说我如果敢离婚,就会杀掉我全家,让我生不如死。"党某的确害怕,但摆脱丈夫折磨的念头却愈发强烈。后来,邵某对妻子的凌辱更加频繁,并开始严格监视妻子的举动。党某哪怕是要回娘家,邵某都不允许。

邵某甚至变得狐疑,认为妻子随时可能红杏出墙。"有时候我给家里人刚打完电话,他发现后就会打过去,问对方是谁。"据邻居描述,他们一般都不敢和党某聊天。有时候闲聊几句,邵某就会跑过来,带着凶狠的表情不友好地质问在聊什么。"连女人跟女人之间说话都怀疑,更不要说跟男人说话了。"邻居觉得,邵某的举止有点神经质,乡邻都不敢招惹他。

党某说,邵某曾因离婚的话题三次持刀恐吓她。最近的一次党某选择了报警,却无果而终。党某后来也向女邻居哭诉过在性生活方面遭受丈夫折磨的事,但她们还是一味地劝她忍着。可能是感受到妻子去意已决,邵某突然下了狠手。"他应该是事先做过准备,想了好久才这样做的。"党某在讲述凌晨那场惨痛经历时,情绪始终无法平静。

对于此事,妇联主席李女士称,党某受到如此严重的家庭暴力,情况罕见。根据她们调查了解,党某受到虐待估计已不是一两次了,但她从未到妇联反映过情况。如果妇联早了解到情况,或许悲剧就不会发生。

妇联每年都组织工作人员下乡宣传法律知识,教育妇女同志要有防卫、自我保护及求助意识。如果接到妇女朋友关于家暴的投诉,妇联会尽力前往做工作,但会以调解为主。在问到长期受丈夫虐待,有无考虑过向妇联等单位反映时,党某说她害怕自己和家人生命有危险,根本就不敢去妇联反映。

◎ 案例评析

受害人是一个家庭暴力受害者的典型,她无力自助自救,却又怠于求助他救,令人痛惜。在与加害人婚姻存续期间,她先后遭受了"热暴力"(殴

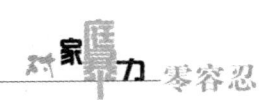

打)、性暴力(强行过性生活)、精神暴力、限制人身自由、经济控制,几乎所有常见家庭暴力的伤害表现形式都集中在了她的身上。她是不幸的,但在实践中,有类似被害人这般遭遇的女性并不罕见。她们自觉或不自觉地被家庭暴力压迫着不敢抗争,直到某天出现了极端的结果,事情的真相才得以显现出来,而此时的危害结果往往触目惊心。这是因为,家庭暴力的本质就是行为人对他人的控制和支配,虽然在表现形式上多种多样,但都是为驯服被害人,单独或综合使用的各种方法和手段,而被害人出于种种原因难以对抗这种驯服。通俗地说,就是家庭暴力加害人一方将受害人一方当作自己的附庸和奴隶,不听话就殴打、辱骂、训斥、强过性生活等,而受害人不想或不知怎样摆脱这样的处境。尤为令人痛惜的是,本案被害人面对这样的悲惨遭遇也不是一天两天了,却始终没有得到帮助和救助。显然,本案被害人主观方面的原因,或是不知,或是不敢,甚至是不愿救助,是导致其得不到维权帮助的主要原因。这就提示我们,当你遭遇到家庭暴力时,首先要想到的是,这是因为对方想控制和驯服你,除非你放弃自我,心甘情愿被对方绝对控制和支配,否则别指望他会放弃暴力。因此,必须寻求外界帮助。

案例二：如何正确区分家庭暴力与一般夫妻纠纷

陈某因被丈夫张某经常打骂，曾起诉离婚，张某当庭承认错误，请求原谅，陈某撤诉。此后，张某未有改变，在家中要求陈某事事服从，稍不顺从，即对其进行辱骂、威胁，用拳脚、鞋、皮带对其实施殴打，还曾在他认为陈某"顶嘴"时用鞋底抽打陈某的嘴巴。一天，张某认为陈某未将其衣服洗净，辱骂并要求陈某重洗。陈某不肯，张某即对陈某实施殴打，造成陈某左手臂淤伤。当晚，张某要求陈某将手机交出，陈某不肯，张某即抢夺陈某手机并砸烂，用拖鞋追打陈某。女儿张某玲在阻拦过程中被打伤脸部及手臂。陈某再次起诉离婚，开庭审理时，张某仍对陈某进行威胁、无理指责、贬损，坚决不同意离婚。

陈某和张某的女儿张某玲（已成年）出庭作证陈述："我父亲经常对母亲实施家庭暴力，从我记事以来就经常看到父亲辱骂、殴打母亲。父亲要求家中事事必须由他做主，稍有不从就拳脚相加，用拖鞋、皮带对母亲进行殴打，砸坏母亲的手机及家中茶杯无数。那天晚上，父亲抢夺母亲手机并砸烂，还用拖鞋追打母亲，我在劝阻时被父亲打伤鼻子及手臂。"

张某辩称，双方感情一直很好，陈某在诉状所称的"恶言相对，拳打脚踢，限制人身自由"等均不属实。他说："那天晚上，我让她重洗衣服，我打她一巴掌是警告她。晚上我让她把手机交出来，她不肯，我就抢过她手机砸烂

了。我们有时有口舌之争,但我没有经常殴打她,我平时讲话有些大声,所以导致她误会。我所做的一切都是为了这个家,我在这里向原告道歉,从今以后,我的性格、脾气一定改,听陈某的话,希望她早日回到这个家,我坚决不同意离婚。"

本案分析:家庭暴力,是指发生在家庭成员之间,主要是夫妻之间,一方通过暴力或胁迫、侮辱、经济控制等手段实施侵害另一方的身体、性、精神等方面的人身权利,以达到控制另一方的目的的行为。家庭暴力的核心是权力与控制,加害人存在着通过暴力伤害达到目的的主观故意。暴力行为呈现周期性,并且不同程度地造成受害人的身体或心理伤害后果,导致受害人因为恐惧而屈从于加害人的意志。而一般夫妻纠纷不具有这些特征。认定是否存在家庭暴力,应综合考虑以下因素:暴力引发的原因,加害人的主观目的是否为了控制受害人,暴力行为是否呈现周期性,暴力给受害人造成的损害程度等。经认定构成家庭暴力的,调解无效法院应当判决准予离婚。

家庭暴力是婚姻关系中一方控制另一方的手段。在这样的关系中,常存在成文或不成文的家规。本案查明事实说明,张某给陈某规定的不成文家规至少包括以下内容:(1)所洗衣服必须让张某满意。(2)挨骂不许还嘴。(3)挨打后不许告诉他人。(4)必须接听张某的电话并且任何情况不得挂断。陈某稍有违反,即遭拳脚惩罚。张某对陈某的控制还可见于在诉讼中的表现,如,在答辩状中表示道歉并书写保证书,但在庭审中却对陈某进行威胁、指责、贬损,显见其不思悔改。《中华人民共和国婚姻法》第三十二条第三款第(二)项规定,实施家庭暴力的,调解无效应准予离婚。依照该款规定,判决如下:准许陈某与张某离婚,自本判决发生法律效力之日起,双方脱离夫妻关系。

一审宣判后,双方均未提起上诉。

◎ 案例评析

一、正确区分家庭暴力与一般夫妻纠纷

我国《婚姻法》第三十二条规定,实施家庭暴力,调解无效的,应准予离婚。司法解释列举了家庭暴力的行为手段和构成要件,但是,司法实践中,当事人起诉离婚的原因很复杂,加之受"法不入家门""清官难断家务事"等传统观念的影响,法官往往困惑于如何区分一般夫妻纠纷与家庭暴力:是否打一巴掌就是家庭暴力?是否只有严重的身体伤害才是家庭暴力?

本案的关键即在于,陈某与张某之间争议是一般夫妻纠纷还是家庭暴力?如果只是一般夫妻纠纷,陈某没有证据证明夫妻感情确已破裂,在张某坚决不同意离婚的情况下,调解不成的,应判决不准离婚。如果属家庭暴力,则符合《婚姻法》规定的应当准予离婚的情形,即使张某不同意,仍应判决解除双方婚姻关系。

家庭暴力的核心是权力与控制,是加害人用以控制受害人的手段。加害人通常采用给受害人定规矩(家规)的方式,以暴力作为保证家规得以实施的手段,逼迫受害人服从自己的意志。当受害人违反加害人制定的家规时,即施以暴力惩罚,使受害人不敢违抗,从而达到控制受害人的目的。家庭暴力与一般夫妻纠纷的区别在于,一般夫妻纠纷中,夫妻双方的关系是平等的,目的是为了对家庭事务的处理达成一致意见,采用协商、互相妥协的手段达成目的,不会有规律性、周期性的暴力发生。而家庭暴力中,双方的关系是不平等的,加害人以控制受害人为目的,采用暴力、威胁的手段达到目的,暴力行为呈现周期性,并且不同程度地造成受害人的身体或心理伤害后果,导致受害一方因为恐惧而屈从于加害方的意愿。

本案中,张某否认实施家庭暴力,将自己的行为淡化为一般夫妻纠纷。但事实证明,张某给陈某制定了严苛的家规,自己可以随意辱骂、贬损陈某,可见其实施殴打并不需要特别的诱因,印证了陈某及女儿张某玲陈述其经常施暴的事实。张某还不许陈某告诉别人自己殴打她的事实。当陈某向张某父亲求助后,张某不反省自己打人的违法行为,反而将责任推卸给陈某,进而实施升级的辱骂和殴打,这都体现了张某对陈某强烈的控制意图。张某的行为虽然没有给陈某造成严重的身体伤害后果,但其长期严厉的暴力控制,用鞋底抽打陈某嘴巴等带有侮辱性的施暴情节,对陈某的人格尊严和自我价值感造成沉重打击,精神伤害后果严重。双方之间不是一般的家庭

纠纷,而是控制与被控制的不平等关系,属法律禁止的家庭暴力。

二、认定构成家庭暴力的,调解无效应当判决准予离婚

按照法律规定,离婚案件的审理应当进行调解。为了保障受害人的人身权利,涉及家庭暴力离婚案件的调解应当区别于一般离婚案件。如果轻信加害人保证而调解和好,结果很可能是让受害人回到原有暴力关系中,遭受更为严重的家庭暴力。张某曾在起诉时当庭保证不再施暴,陈某原谅张某并撤诉,但张某的行为在此之后毫无改善。在本案的审理过程中,张某在答辩状中表示道歉并书写保证书,但在庭审中却继续对陈某进行威胁、无理指责、人格贬损,显见其并没有真正认识到家庭暴力的发生完全是自己的过错,没有认识到家庭暴力造成的严重后果。因此,法院判决离婚是正确的。

案例三：申请人身保护令

林某婚后不久即遭受丈夫余某的谩骂殴打、用水果刀追杀,其朋友也遭到威胁恐吓。当余某被发现与异性有不正当关系后,擅自闯入林某住处换锁、打砸东西和家具,打伤林某的头部、脸部,并发短信威胁要杀害林某的父母和儿子。林某曾多次报警,但余某仍然对其进行殴打、威胁。林某起诉至法院,申请法院做出人身保护裁定。

余某经合法传唤未到庭,法院依法适用了简易程序进行缺席听证。林某向法庭提供了充分证据,例如《报警回执》、照片及病历、手机短信截屏,证明余某威胁恐吓、殴打致伤的事实,并提交《房地产权证》复印件,证明现住房为自己的婚前财产,以及发现余某婚外情报警后,公安机关做出的调解书、协议书和余某写的保证书等。法院经审查认为,林某的申请符合条件,即出具了人身保护民事裁定书,禁止被申请人余某殴打或威胁申请人林某、其儿子及父母姐妹；禁止余某利用骚扰、跟踪等手段,妨碍申请人林某、其儿子及父母姐妹的正常生活；禁止余某在林某居住区200米范围内活动。如余某违反上述禁令,视情节轻重处以罚款、拘留；构成犯罪的,依法追究刑事责任。裁定书送达被申请人,并送当地公安机关。

◎ **案例评析**

　　本案集中体现了人身保护裁定在预防和制止家庭暴力中的重要作用。在实际生活中,很多家庭暴力行为往往没有造成法律意义上的伤害后果,对于施暴者出现的扬言报复、威胁恐吓、跟踪骚扰等具有现实危害性、时间紧迫性的行为,如不切实加以重视,有效制止,常常会酿成恶性案件。《中华人民共和国反家庭暴力法》使人身保护裁定有了明确的法律依据。

　　本案中法官充分认识到家庭暴力危害性的特点,抓紧审查证据,仔细研究案情,还与申请人进行了电话沟通,获知她及其家人的现状、身体状况、人身安全等情况,准确把握针对家庭暴力的行为,保全申请的审查标准,简化了审查的流程,缩短了认定的时间,依法、迅速地做出裁定,对受暴力困扰的妇女给予了强有力的保护。本案中林某为受害者如何申请人身保护裁定做出了好的示范,她具有很强的证据意识,在家暴发生后及时报警,保存各种能够证明施暴行为和伤害后果的证据并完整地提供给法庭,使得法官能够快速、顺利地做出决定,及时地维护了自己的权益。

案例四：人身保护裁定及时帮助老人脱离困境

段某与儿子谢某、儿媳左某共同居住在段某所有的房屋内，但经常遭受二人的威胁、辱骂、殴打等家庭暴力。段某曾数次报警，但是二人待民警离开后就变本加厉。段某非常恐惧，担心性命不保。段某向妇联求助，请求协助其摆脱困境，提出继承析产诉讼。之后，段某向法院申请人身保护裁定获得支持，并提出要求谢某、左某排除妨害之诉。法院判决要求二人自母亲段某房屋内搬离。

妇联接到求助后，为段某提供了法律援助。根据案情，法律援助律师认为首先要保障段某诉讼期间的人身安全，即根据《中华人民共和国反家庭暴力法》的相关规定，决定先申请诉前人身保护裁定并得到法院的支持。法院做出裁定，禁止谢某、左某对段某实施殴打、暴力胁迫、威胁、辱骂等非法侵害行为，保护期限为3个月。

本案分析：段某最初要求向法院提出继承析产请求，要求谢某、左某搬离属于自己的房屋。通过分析段某所面临的问题，律师建议提起排除妨害之诉，既能解除困境，又可降低诉讼费用。庭审中，谢某、左某态度嚣张并辩称房子是父亲的遗产，不同意搬离。律师代理意见认为：(1)涉案房产登记所有权人为原告，原告依法对其享有所有权。(2)二被告的家暴行为严重影响了原告的正常生活起居以及对自有房产的正常使用。(3)二被告的家暴

行为已构成对原告的人身侵权,依法应承担排除妨害、立即搬离涉案房产的侵权责任。法院判决要求被告谢某、左某于本判决生效后30日内自母亲段某的房屋内搬离。

◎ 案例评析

　　本案是人身保护裁定在维护老年妇女权益上的成功实践,法律援助律师充分运用了民事诉讼法关于行为保全的制度,在诉前为当事人申请了人身保护裁定,最大限度地保障了当事人的人身安全。在当前老年人权益问题日益凸现的情况下,这一做法可为同类案件借鉴。其次,律师在代理本案时从当事人切身利益出发,选择了对当事人最为有利的维权诉讼方案,从当事人原来提出的继承析产诉求及时转为提起排除妨害之诉,既降低了当事人的诉讼成本,同时也最大限度地维护了当事人的合法权益。

案例五：家庭暴力下的牺牲品

时年26岁的董某于2009年10月19日在医院离世。尸检报告显示，是因为"被他人打伤后继发感染，致多脏器功能衰竭死亡"。2010年7月2日，法院对董某案做出一审判决，王某（董某丈夫）犯虐待罪，被判处有期徒刑6年6个月，赔偿死者家属医疗费、死亡赔偿金等共计81万余元。对于一审判决结果，双方当事人均表示不服。附带民事诉讼原告的代理人认为，其认可一审中关于"虐待罪"的定罪与量刑，但认为王某同时犯有更为严重的"故意伤害罪"，应数罪并罚，她们将就此提请上诉，申请发回一审重审。据记者了解，被告人王某则认为一审对其判刑过重，口头表示亦将提请上诉。我国《刑法》规定，虐待罪最高刑期为7年；而故意伤害罪，致人死亡或者以特别残忍手段致人重伤造成严重残疾的，可处10年以上有期徒刑、无期徒刑甚至死刑。

◎ 案例评析

回顾董某生前的生活状况，不禁让人对董某的离去充满诸多遗憾与反思。在这一真实事件的细节中，存在有8次报警（其中董某主动报警4次），当事人去法院申请离婚1次，因家暴致伤去医院求治1次。警察干预、民事保护令、医疗干预作为目前我国反家庭暴力干预工作的3种主要实施方式，其重要性及遭遇的困境，在董某事件中得到了充分的显现。

目前我国绝大部分地区已将家庭暴力报警纳入"110"出警范围。不过事实上,即使警察出警,警察干预的力度不够亦可能导致家庭暴力升级恶化。某一个家暴案件中警方一共出警21次,甚至在一天里出警数次,每次出警记录都证明事情已处理好,但终究还是演变成恶性刑事案件。与家庭暴力实际存在的类型、范围的状况相比,对于家庭暴力的界定,有些警察的理念更传统,对暴力界定窄,其更倾向于把家庭暴力的责任归咎于女性有错误,男性才动手。而"暴力表达应当是男性应有的气概和行为标识"恰恰是男性所接受的正式或者非正式的社会性别教育一贯的理念。并且社会上往往对男人以暴力手段表达意志解决问题的正当性都表示默许。正因如此,在诸多暴力情节中,男人对家庭暴力的认同度、容忍度最高。

在董某最后一次主动报警行为中,警察看了看伤,他说:"这是你丈夫打的啊?是这样,要是轻伤我们会马上把你丈夫叫过来调解一下。可如果是重伤,这可要判刑的,3年至10年不等。"董某听了就犹豫了。警察看见董某的反应,就说,如果拿不定主意,先看病后报案也行。警察的话实际给了受害当事人一个暗示。在这背后,"宁拆一座庙,不毁一门亲""打是亲,骂是爱"等长期存在于民间的陈规旧理为有些民警的行为提供了看似"合理"的解释。

对于家庭纠纷警察可以不介入,一旦发生肢体暴力,作为公权力代表的警察则必须介入。这是宪法中对人的人身权和健康权的基本权利保护,亦应该是全社会对家暴零容忍的态度。警察干预家暴,不仅要有社会性别意识,还应了解家庭暴力的特殊规律,家庭暴力具有反复循环性和控制性。面对家暴现象,警察的第一要务就是应阻断循环,否则这种循环一旦升级,甚至有可能会导致受害当事人死亡。如果警察不了解这种循环规律,就不能进行有效的干预介入,而如果没有解决家暴的"控制"本质,家暴极可能再度升级恶化。

董某离家出走归来后,在母亲的陪同下去法院递交了离婚诉状。据其母所述,3天后董某便遭到了王某的劫持,约1个月后,其母称刚刚做完人工流产的董某才带着一身瘀伤回到了母亲家,并告知母亲,此期间已被王某胁迫去法院撤销了离婚起诉。

民事保护令指的是专门为家庭暴力中的受虐者及未成年子女提供的临时性或终局性救济,是指为制止家庭暴力,保护受害人安全,法院依据申请做出的禁止施暴人在一定期限内实施一定行为,或者要求施暴人给付金钱、物或完成一定行为的裁判,亦可称"人身保护令"。本案董某如果及时申请人身保护令,也许不会发生这样的悲剧。

董某最后一次主动报警后,在母亲的陪同下去了医院。医生询问了董某伤势的来由,董某明确告知是因丈夫殴打所致。

医疗干预的角色相当重要,医务人员可能是第一个接待受害者的人,第一个倾听受害者受害真相的人,第一个获得直接受暴证据的人,第一个能够给予受害者医疗救助的人,第一个向受害者提供其他支持信息的人。医务人员还可以是家庭暴力受害者的第一位援助人。医院会在征得病人同意后转入单独诊室,由有家暴干预经验的医生接诊。医生在接诊中认真倾听患者的陈述及需求,给病人做一个详细的检查和家暴病历记录;医生会尊重患者的陈述与需求,就其家暴情况进行沟通和交流,给病人一些预防和制止家庭暴力方法的建议;在交流中医生要评估患者及其家人的安全,及时进行多机构转接(如其所属街道、妇联、公安、法律中心等)。家庭暴力损害了受害者的健康权利;健康是人类的一项基本需求和权利,也是社会进步的重要标志和潜在的动力。世界卫生组织(WHO)将健康定义为"不仅仅是没有疾病或虚弱,而是一种躯体、精神及社会交往各方面的完美状态"。因为家庭暴力就是对人的健康的摧残和践踏。它使人的身体受到伤害,精神受到打击,并使人的社会交往出现障碍。家庭暴力不仅是一个健康问题,更是一个社会问题。

案例六：女记者家暴致死案

2016年4月6日，女记者阿梅在家中受到丈夫金某的殴打，经抢救无效死亡。

结婚的第一年，阿梅就受到了5次家暴。2001年，怀孕3个月的阿梅因为家暴而流产。阿梅向法院提起离婚诉讼，金某在法院多次传唤后始终不出现。而阿梅也没有再坚持离婚。2013年10月，金某醉酒后挥拳打向熟睡中的阿梅。经医院诊断，阿梅枕骨粉碎性骨折，在医院住了大半个月，期间金某没有去探望过她。两人分居一年后，在金某的恳求下，阿梅回到家中。

2016年4月5日下午下班后，金某因阿梅出去应酬而对其产生不满。当晚21时许开始，金某自己在家饮酒，期间多次给阿梅打电话，但阿梅的手机处于关机状态。至当晚23时30分许，金某见阿梅仍未回家，便驾车出去找，驾驶至小区花池附近时看到阿梅从出租车上下来。出租车走后金某下车打了阿梅几个耳光，致阿梅倒地后又踢了她。之后金某将阿梅拉到自己的车后座，自己坐在驾驶座上揪住阿梅的头发，将阿梅头部往车后门玻璃上撞击。金某在车内对阿梅实施完殴打后，二人回到家中，又因阿梅出去应酬的事情发生了争吵。

2016年4月6日8时许，阿梅因身体不适向单位请假未去上班。当天13时40分许，金某起床后将儿子乌某送到学校，返回家的途中买了一瓶白酒并在门市部内喝酒，喝完酒后，又买了一瓶白酒回到家中，在一楼的卧室内继续喝酒。后金某在二楼与阿梅发生争吵,并再次殴打阿梅。后金某发现阿梅在二楼的卧室床边趴着,并口吐白沫。金某拨打120急救电话,120急救人员赶到现场发现阿梅没有生命体征,经抢救无效而死亡。经公安司法鉴定中心鉴定,阿梅系因头部多次受到钝性外力作用致颅内出血而死亡。同时,有7根肋骨断裂,胸骨塌陷,还有肝脏破裂。金某在案发现场被公安抓获。法院认为,被告人金某因对被害人阿梅出去应酬而产生不满,对被害人进行殴打,并于次日酒后再次对被害人实施殴打,致被害人死亡,其行为已构成故意伤害罪。被告人金某与被害人阿梅结婚后,因酗酒的恶习,多次对被害人阿梅进行家庭暴力,犯罪情节恶劣,手段残忍,社会危害性大,应予严惩。

2017年3月20日,鄂尔多斯市中级人民法院依法对被告人金某故意伤害罪一案做出一审宣判。法院以故意伤害罪对被告人金某判处死刑,缓期两年执行,剥夺政治权利终身。

案例评析

据了解,阿梅很少向外人提起家里的遭遇,她想她是一个新闻工作者,要是家里这样的情况,外边的人知道了怎么说呢?她之所以不离婚,就是爱面子,怕丢人。另一个主要的顾虑是儿子,她说她要是离婚了,儿子就只能生活在单亲家庭,这在他以后成长的路上肯定会有影响。此外,金某曾经恐吓如果阿梅离婚,就要报复她的家人。担心父母的安危也是她不敢离婚的原因。《中华人民共和国反家庭暴力法》在2016年3月1日实施,女记者阿梅至死也没有拿起法律的武器保护自己,这是非常令人痛心的。悲剧的发生与人们根深蒂固的观念不无关系。许多人认为家庭暴力是一个家庭的私事、家务事。既然是家务事,就不需要别人管,也认为别人不会管。《中华人民共和国反家庭暴力法》的颁布实施,意味着妇女、儿童等群体的权益得到了更多的保障,全社会应该更多地了解法律,并让它发挥作用。只有全社会对暴力说"不"时,社会才会安全、和谐。因此,作为一个公民,首先保证自己不去施暴,同时,对于看到的家庭暴力,也不要容忍,如果大家多管一点闲事

 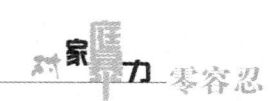

儿，社会和他人就多一份安全。

遭遇家庭暴力时，第一时间要保存证据，并第一时间报警，公安机关接报后应当及时出警，制止家庭暴力，按照有关规定调查取证。需要伤情鉴定的，可以向公安机关申请开具验伤单鉴定伤情。这些都会成为日后到法院起诉的关键证据。

遭遇家庭暴力时，不要因为孩子而隐忍。阿梅多年被丈夫施以家暴，连儿子都对她说"妈妈，离婚吧"，但阿梅却选择隐忍。阿梅曾说："等孩子长大一些了将来可以保护我。"事实上，这种畸形的家庭关系中，孩子的成长也会受到影响。父母的行为会成为子女模仿的对象。那些生活在暴力中的儿童，比生活在正常家庭中的儿童更容易实施暴力。

遭遇家庭暴力时，不要因为是家事而羞于启齿，不要受所谓的"家丑不可外扬"的观念影响，从而逆来顺受、委曲求全，一定要敢于用法律武器维护自己的合法权益。阿梅遭受致命家暴之前，已经多次遭到丈夫的家暴。早在2001年，阿梅受家暴流产后曾起诉过离婚，但当时金某承诺不再打骂阿梅，最终没有离婚。如果当时阿梅果断离婚，远离伤害，也许就不会有后来的悲惨结局。

遭遇家庭暴力时，应申请人身安全保护令为自己撑起"保护伞"。根据《反家庭暴力法》规定，家庭成员和家庭成员以外共同生活的人可以向人民法院申请人身安全保护令或者撤销监护人资格。也就是说当你正在遭受家庭暴力或面临遭受家庭暴力危险的情形时，可以向法院提交申请书及相关的证据，申请人身安全保护令。可以依法禁止被申请人实施家庭暴力；禁止被申请人骚扰、跟踪、接触申请人及其相关近亲属；责令被申请人迁出申请人住所。还是假设，如果阿梅申请了保护令，其丈夫不能接近伤害她，她的儿子就不会失去母亲。

家暴非家事，反家庭暴力是国家、社会和每个家庭的共同责任。每个人都期望和睦美好的家庭，但当出现家暴时，应该理性衡量婚姻是否持续，让法律管家事，保护自己和家人远离伤害。只有这样，才不会再出现这样的悲剧。

案例七:5 岁女童遭受家暴致死

被告人褚某系被害人阳阳的父亲,被告人袁某系被害人阳阳的继母。褚某和袁某因家庭琐事多次殴打阳阳,致阳阳头面部、躯干、四肢多处受伤。

2016 年 3 月 14 日 7 时许,褚某在家中仅因阳阳将裤子尿湿一事,便朝阳阳胸腹部猛踢一脚,将女儿阳阳踢至一米外倒地,倒地后阳阳未敢哭泣便爬起躲避到自家东屋。下午 15 时许,阳阳称其肚子疼,褚某仅给被害人阳阳服用了两片去痛片。晚 19 时许,阳阳在家中呕吐后死亡。褚某到派出所自动投案。

褚某、袁某犯罪手段残忍,情节恶劣,后果严重,应予严惩。法院宣判:被告人褚某犯故意伤害罪,判处无期徒刑,剥夺政治权利终身;犯虐待罪,判处有期徒刑两年。决定执行无期徒刑,剥夺政治权利终身。被告人袁某犯虐待罪,判处有期徒刑两年。

◎ 案例评析

本案中,亲生父亲一脚踢死 5 岁女儿,初听,这是一起多么离奇的案件,但实则却是一桩让人心痛的家暴和虐童事件。本案中被告人袁某、褚某为重组家庭,二人应该相濡以沫、相互扶持,共同抚养子女健康成长。但本案被告人袁某因家庭琐事对非亲生女儿长期辱骂、殴打,在亲属劝阻、警察接到报警对其进行教育警告后仍不知悔改,造成被害人身上多处损伤,身心受

到极大的损害,其行为符合我国刑法关于虐待罪的构成要件,依法应以虐待罪追究其刑事责任。二被告人犯罪手段残忍,犯罪持续时间较长,性质非常恶劣。褚某仅因其女儿尿裤子之事,踢踹孩子的重要脏器,打击力度也是非常强的。这么强大的力度打击在未满5岁的孩子身上,不是孩子能够承受的。

孩子不是父母的私有财产,不能任意打骂,孩子同样有人权,受国家法律的保护。

案例八：非家庭成员的人身安全保护令

赵女士与张某原系夫妻关系，因感情破裂于2004年离婚。离婚后赵女士为躲避张某，带着儿子到外地打工，但是很快便被张某找到了住处，并强行入住与之同居。在离婚后长达12年的时间里，张某与赵女士同吃同住，拒不搬出，且经常性、持续性地对赵女士实施殴打等家庭暴力行为。曾有一次，张某用铁锹殴打赵女士，导致其当场昏厥。赵女士长期遭受前夫的施暴，与其同吃同住，并被迫与之过性生活，长久以来造成精神压抑并曾多次有过自杀的念头。更甚时，在多次报警后公安机关以家庭矛盾为由未处理的情况下，曾萌生过杀死张某并自行了断的想法。赵女士遭受家暴的情况与其一起生活的儿子(已满18周岁)可以证实。

为彻底摆脱张某的骚扰和施暴，赵女士委托律师向法院提出人身安全保护令申请。经过法官、律师和当事人的一致努力，2016年4月15日，法院根据《中华人民共和国反家庭暴力法》(以下简称《反家暴法》)关于人身安全保护令的规定做出了民事裁定书，裁定禁止张某实施家庭暴力；禁止张某骚扰、跟踪、接触申请人及其近亲属；责令张某迁出申请人住所。裁定书有效期6个月，自做出之日起生效，生效后立即执行。

案例评析

该案因是与"非家庭成员关系"的前配偶之间发生的特殊家暴案件,导致从立案到做出裁定整个过程中费尽周折。代理律师和法官的观点最开始产生了分歧。法官首先认为"离婚不离家"的原因还是女方让步的结果,尤其是持续12年之久难以想象,所以这种关系属于非法同居,应该是双方自愿的结果;其次,双方办理了离婚手续,女方不想同居而男方赖着不走那就像陌生人进屋一样,应该报警让公安机关处理更为有效;再次,如果在同居期间强行发生性关系就构成了强奸罪,应该"先刑后民"而不是申请人身安全保护令;更严重的是法官认为《反家暴法》的适用前提是第二条规定的"家庭成员之间",因为他们已经办理了离婚手续,导致不存在家庭关系,这样的关系已经不适用《反家暴法》的规定。

针对以上观点,代理律师与法官进行了多次沟通并阐明了意见:

首先,关于男方强行入住的情况,赵女士反映,第一次双方发生过剧烈冲突,为了进屋,男方在院子里大吵大闹且进行打砸玻璃等危险举动,惊动了左邻右舍,使得赵女士毫无颜面,为了息事宁人,万般无奈赵女士只得准许男方进屋协商。此后,每当赵女士不让男方进屋时,男方均如法炮制,赵女士惹不起只能乖乖投降。代理律师认为当事人反映的这种情况符合生活逻辑,可以证明是违背意愿而非自愿。

其次,当事人根据《反家暴法》的规定可以申请告诫书,也可以申请人身安全保护令,法院不能以此认为必须先申请告诫书或报警处理,这样不仅影响了当事人依照《反家暴法》维权的权利,而且很有可能造成"告诫书在先而人身安全保护令在后"的习惯做法,违背《反家暴法》的立法本意。

再次,关于同居期间被迫发生性行为应该追究刑事责任问题,当时可能是强奸行为,但是事发时受害人没有从刑事立案的角度考虑,时过境迁没有保留证据,现在报警很难破案。

最后,针对法官认为《反家暴法》适用于家庭成员之间的暴力行为,不适用于赵女士这样的"非家庭成员关系人"的论断,律师阐述,根据《反家暴法》

第三十七条的规定:"家庭成员以外共同生活的人之间实施的暴力行为,参照本法规定执行。"因此赵女士申请人身安全保护令完全合法。

经过多次交流,最终法院采纳了律师的意见,于2016年4月15日签发了人身安全保护令。张某在接到人身安全保护令裁定后明确表示立即搬出去。可见这份人身安全保护令签发后使得12年饱经折磨的赵女士真正得到了法律的保护。

案例九：人身安全保护令制止子女虐待老人

郝某与其妻王某（已故）育有5个子女。现郝某已丧失劳动能力，除每月的低保金外，无其他经济来源，其日常生活需要子女照顾。郝某轮流在除被告郝某华之外的其他子女处居住生活。因其他子女经济情况一般，住房较为紧张，郝某遂要求郝某华支付赡养费，并解决其居住问题。郝某华对郝某提出的要求不满，经常用激烈言辞对郝某进行言语威胁、谩骂，致使郝某产生精神恐惧，情绪紧张。郝某诉至法院，要求被告郝某华支付赡养费，并解决其居住问题。经法院多次通知，被告郝某华仍不到庭应诉，反而对原告郝某恫吓威胁，致使原告终日处在恐惧之中。原告郝某遂在诉讼期间向法院申请人身安全保护令，要求法院采取措施，制止被告郝某华对其实施威胁、谩骂、侮辱的行为。

◎ 案例评析

郝某华对郝某经常进行言语威胁、谩骂等行为，导致申请人终日生活在恐惧之中，故其申请符合法律规定，应予支持。法院裁定：禁止被申请人郝某华对申请人郝某采取言语威胁、谩骂、侮辱以及可能导致申请人产生心理恐惧、担心、害怕的其他行为。同时，法院对被申请人进行了训诫，告知其在有效期内,若发生上述行为,则视情节轻重对被申请人采取拘留、罚款等强制措施。经跟踪回访,被申请人对申请人再无威胁行为。对原告请求被告履行赡养义务的请求,法院判决被告郝某华每月向原告郝某支付赡养费600元。

案例十：家暴离婚案证据的认定

苏某和杨某恋爱没多久便开始以夫妻名义同居生活。直到结婚后，苏某才发现杨某曾经多次因犯罪被判处过有期徒刑。杨某过去服刑的经历被发现后，表面上向苏某承诺他会悔改，可事实上经常对苏某实施家庭暴力。

2013年12月，杨某在家中将苏某打伤，苏某向公安机关报警求救。因为不堪忍受婚姻中的欺骗和暴力，2014年3月苏某向法院起诉离婚，并提交了照片、病历、医疗票据等证据，用以证明杨某实施家暴的行为。可是庭审上，杨某对家暴行为矢口否认，辩称婚后夫妻感情不错，坚决不同意离婚。鉴于杨某否认存在家暴行为，苏某的律师要求补充证据，并向法院申请调取报警材料，证明杨某曾于2013年12月在家中殴打苏某并致其受伤。案件审理期间，杨某又因离婚事宜与苏某发生争执，再次打伤妻子。苏某在律师的帮助下申请了人身安全保护令。

苏某提出申请后，法院组成合议庭进行审查，认为杨某的施暴行为已经严重威胁到苏某的正常生活。为维护她的人身安全，法院做出裁定，禁止杨某殴打、威胁或以其他方式骚扰苏某，同时禁止他在距离苏某住处、工作单位和其他经常出入场所的200米范围内活动，裁定有效期为6个月。

杨某否认家暴行为，举证责任如何分配？法院认为，应当根据家庭暴力案件的特点，合理分配和转移举证责任。苏某已经提供了病历、照片、出警记录等证据，完成了对侵害事实和侵害后果的证明，举证责任应该转移给实施侵害行为的杨某,他需要做出合理的解释并提供相应证据,证明苏某受伤并非他的暴力行为所致。在杨某无法解释和举证的情况下,法院推定他为侵害人,对家暴事实进行了认定。法院审理后认为,杨某实施家庭暴力,损害了苏某的身体健康和人格尊严,准许两人离婚。

案例评析

本案审理的重点在于对杨某家庭暴力事实的认定。根据谁主张谁举证的举证责任分配原则,家暴受害人不仅要向法院提交曾遭受家暴侵害的证据,还要证明伤害结果是配偶实施的行为所致,也就是进行因果关系论证。家庭暴力具有隐藏性,如果严格适用举证责任的一般规则,由受害人承担全部的举证责任,会导致裁判结果实质上的不公。

最高人民法院、最高人民检察院、公安部、司法部在《关于依法办理家庭暴力犯罪案件的意见》中规定:加强自诉案件举证指导。家庭暴力犯罪案件具有案发周期较长、证据难以保存、受害人处于相对弱势、举证能力有限、相关事实难以认定等特点。有些特点在自诉案件中表现得更为突出。因此,人民法院在审理家庭暴力自诉案件时,对于因当事人举证能力不足等原因,难以达到法律规定的证据要求的,应当及时对当事人进行举证指导,告知需要收集的证据及收集证据的方法。对于因客观原因不能取得的证据,当事人申请人民法院调取的,人民法院应当认真审查,认为确有必要的,应当调取。

在取证困难的家暴案件中,就算受害人列举了一定的证据,只要施暴者矢口否认,就可以推翻家暴事实,轻易逃脱法律的制裁。这不仅难以保护受害人,更助长了施暴者的嚣张气焰,也无法实现法律维护社会稳定的功能。所以,对家暴案件进行举证责任倒置更有利于对违法行为的认定。

案例十一：家庭暴力的认定

程某与苏某二人为夫妻关系。程某性格孤僻、处世偏激，常为生活琐事与苏某争吵，甚至辱骂并殴打苏某。2011年9月，程某又对苏某拳打脚踢，并揪住苏某的头发往墙上撞，致使苏某全身多处受伤，在双方家长的主持下，程某向苏某写下保证书：保证不再打苏某。

2012年1月，程某在外喝酒回家后，冲进房间将苏某从床上拖起，并施以拳脚，致苏某身上多处出现青紫，苏某遂后报警，公安机关口头教育了程某。次日，苏某回娘家居住。苏某离开娘家正欲上班，中途遭程某拦截殴打，致全身上下多处受伤，从头面部到下肢，青紫面积分布较广，经报警才得以制止。苏某在无法忍受的情况下，遂诉至法院，以程某对其实施家庭暴力为由要求与程某离婚，并赔偿其损失2万元。诉讼中，程某拒不承认对苏某实施了家庭暴力。

法院经审理后认为，当事人依法登记结婚，其婚姻关系受法律保护。因苏某要求离婚系基于程某实施了家庭暴力，故确认家庭暴力是否存在关系到苏某的诉求能否得到支持。纵观程某的行为，应当认定其实施了家庭暴力，理由有两点：一是程某书写的保证书能证明其曾有过"打苏某"的事实；二是程某不到半年的时间两次殴打了苏某，尤其是最后一次，致苏某的损伤从头面部到下肢，面积分布较广。可见，程某不仅具有殴打苏某的劣迹，且情节恶劣，应当认定程某的暴力行为给苏某身心造成了一定的伤害后果，苏某据此要求离婚应予支持,且作为无过错方,有权要求程某赔偿损失。法院遂根据我国《婚姻法》判决苏某与程某离婚,并对子女抚养及财产分割进行了处理,同时判决程某赔偿苏某损失1万元。

◎ 案例评析

程某自始至终否认自己是加害人。但是,苏某多次在其住处及附近报警,对于加害人的证明责任或其他抗辩事由理应由被告程某承担,因其不能举证故应承担不利后果。本案中,程某对原告苏某数次殴打,具有主观上的恶习,给原告的心理足以造成恐惧,这种精神上的折磨对女性的身心造成的伤害可能更加严重。因此,应当认定被告苏某的行为构成一定的伤害后果。

由于传统观念的影响和其他原因,人们普遍认为丈夫打妻子是家庭内部的事情,外人不好介入,所以往往受害人向外界寻求帮助时,会出现各部门互相推诿的情况。家庭暴力在司法实践中难以认定,主要因为:一是家庭暴力案件存在"举证难"问题。受害人自己不愿意承认遭受家庭暴力的侵害。家庭暴力发生在家庭内部,外人很少能够了解。一般人的观念中,家庭暴力属于家丑,家丑不可外扬。受害妇女往往会顾面子,为了维护自己和家庭包括家人的面子,无论受了多大的委屈都不愿向外界诉说。受害者受到一定的威胁,在遭受家庭暴力后,不敢轻易将现状向外人诉说。还有的受害者心软,往往会被施暴者的言语和行动所打动,在别人的劝说和诸多的劝说下不计前嫌,甚至对施暴者没有太多的惩罚和责怪。这样,直接导致家庭暴力案件在法庭调查过程中的"举证难"问题。因为受害人在遭受暴力时没有收集、保留证据的法律意识,或根本不知道在适当的时间内到相关部门做司法鉴定,无法向法院提供相关证据来证明自己遭受家庭暴力的侵害。这样,导致施暴者的行为越演越烈。二是家庭暴力案件存在"救助难"问题。首先,知情人员不愿为受害人出庭作证。家庭暴力涉及当事人隐私,往往知道情况的邻居或直系亲属不愿意作证,有的是打不破情面,有的是害怕报复。其次,有关部门对受害人提供帮助少。现实中,当受害人向居委会、村委会反映情况时,很难得到帮助。到派出所反映时,民警往往认为这是家务事,

拒绝干预,或轻描淡写地对受害人予以劝慰,对待家庭暴力的求助态度消极,从而致使暴力不断升级。

考虑到家庭暴力案件具有隐蔽性及受害人取证难等特点,合理分配举证责任,建议采取民事诉讼优势证据标准,举证倾向于弱势群体即家庭暴力受害人仅提供证据证明受侵害事实及伤害后果,并指认系被告所为,举证责任便转移至施暴方,由施暴方承担证明其并非侵权行为人的举证责任。如果无法证明,推定其为侵权行为人。受害人举证受侵害事实,只需提供施暴方的悔过书、保证书、未成年子女的证言、目击证人的证言、报警回执、医院就诊病历本、照片、录像等视听资料和社区、妇联等社会团体和组织的相关记录以及与施暴方日常谈话的录音等证据之一,即可认定家庭暴力事实存在。

案例十二：律师改变家暴案犯罪的定性

2014年11月的一天晚上，黄某与丈夫许某因为家庭矛盾发生了争吵。虽然后来暂停了争吵，但许某心中的怒气并未平息。半夜，许某趁着妻子熟睡，想捆绑她的手脚，不料黄某醒来，许某随即掐住她的脖子。黄某吓得呼喊反抗，许某又惊又怒，操起菜刀便向她的头部、上肢和手等部位砍去。

经医院抢救，黄某脱离了生命危险，但丈夫的暴行给她造成了头皮裂伤、颅骨骨折、左手小指离断等多处损伤，被鉴定为轻伤一级。案发后，许某向公安机关投案。公安局以涉嫌故意伤害罪将许某拘留，检察院批准逮捕。2015年3月，公安机关将案件移送检察院审查起诉。经过两次退回公安机关补充侦查，同年8月检察院向法院提起公诉时，许某涉嫌的罪名变成了故意杀人罪。

法院审理后认为，许某意欲非法剥夺他人的生命，导致妻子轻伤，侵犯了公民的生命健康权利，已经构成故意杀人罪。不过，他主动投案并如实供述犯罪事实，有自首行为，又属于犯罪未遂，虽未得到受害人的谅解，但已向受害人道歉，有一定的悔罪表现，可以减轻处罚。

2015年11月，法院以故意杀人罪判处许某有期徒刑4年，附带赔偿黄某各项损失八万余元。

◎ **案例评析**

侦查阶段,公安机关以涉嫌故意伤害罪拘留了许某。出于维护自己合法权益的考虑,黄某对案件的定罪持有不同意见。根据黄某的叙述,律师认为许某有可能涉嫌比故意伤害罪更重的故意杀人罪。所以案件进入审查起诉阶段后,律师以刑事附带民事诉讼代理人的身份参与调查取证,及时帮黄某收集并保存了胶带、现场摔坏的手机等公安机关未收集到的重要证据,并多次与承办检察官沟通,指出关于定罪和伤情鉴定的疑点,提出以故意杀人罪起诉,请求公安机关补充侦查,重新收集新证据、补充新证人,并提供了新的证据线索。

在法院审判阶段,律师及时与法院沟通,要求对黄某的伤情进行重新鉴定。经法院委托,鉴定机构出具鉴定意见,黄某的损伤程度由原来的二级轻伤修改确定为一级轻伤。2016年3月,许某因犯故意杀人罪被判处有期徒刑4年。在附带民事赔偿方面,律师又积极为黄某争取,最终促使双方达成调解协议,许某一次性给付赔偿款八万余元。本案正确处理了家庭暴力案件的定罪量刑问题,既让施暴者承担了与犯罪行为相适应的刑事责任和刑罚,又维护了受害人的合法权益。

本案在定性方面具有疑难性、复杂性。是故意伤害罪还是故意杀人罪,决定着施暴者将受到怎样的刑罚。律师通过调查取证,收集到了公安机关未取得的现场证据和线索,在与有关办案机关沟通交涉的过程中,积极提供代理意见和证据线索,使得检察院在向法院提起公诉时,将涉嫌故意伤害罪改为涉嫌故意杀人罪。而法院最终也以故意杀人罪追究了许某的刑事责任,依法维护了受害人黄某的合法权益。

案例十三：精神暴力的认定

郑某与倪某在夫妻共同生活期间，倪某常因日常小事辱骂郑某，并经常击打一个用白布包裹的篮球，上面写着"我要打死郑某"的字句。倪某还威胁郑某如敢离婚，就杀死她的父母。一日，郑某与倪某因家庭琐事发生争执，倪某将郑某殴打致轻微伤。郑某向法院提起离婚诉讼，请求法院依法判令准予离婚，夫妻共同财产依法分割，倪某赔偿郑某精神损失费人民币3万元。

法院经审理认为，倪某将一个裹着白布的篮球挂在家中的阳台上，且在白布上写着对郑某具有攻击性和威胁性的字句，还经常击打篮球，从视觉上折磨郑某，并威胁郑某，使郑某产生恐惧感，该行为构成精神暴力。在夫妻发生矛盾时，倪某对郑某实施身体暴力致其轻微伤，最终导致了夫妻感情的完全破裂。倪某对郑某实施家庭暴力使其遭受精神损害，应承担过错责任，故倪某应酌情赔偿郑某精神损害抚慰金。据此，依法判决准予郑某与倪某离婚，倪某赔偿郑某精神损害抚慰金人民币5000元。

◎ **案例评析**

从许多家庭暴力的案例中我们可以看到，社会生活是复杂的，家庭暴力的形式也是多种多样的，法律只能概括其中一些主要的表现形式。因此，不能将家庭暴力简单地理解为法律条文中提到的那些形式，而是要深刻理解

家庭暴力的实质。家庭暴力实质是家庭中权利不平等的产物,体现的是家庭成员的不平等关系,是强势家庭成员对其他家庭成员的控制。强势家庭成员,也就是施暴者,在家庭事务中占据主导地位,其他家庭成员如果不按照其意志行事,就会遭到强势家庭成员的暴力。基于不同家庭成员的特定相处模式,这种控制的方式也是因人而异、不尽相同的。但是,只要这种行为符合家庭暴力的实质,即使不在所列举的表现形式当中,也应当认定为家庭暴力。

案例十四：以暴制暴杀夫案

武某长期遭受丈夫李某的家庭暴力，不堪忍受将其杀死。武某因涉嫌故意杀人罪被刑事拘留。某市检察院以武某犯故意杀人罪，向某市中级人民法院提起公诉。中级人民法院审理查明，武某和李某有两个子女。结婚十余年来，李某稍不如意便对武某拳打脚踢。2015年李某有了婚外情，他对武某的家暴行为变本加厉。2016年9月的一天，李某因琐事再次殴打武某，当晚还提出离婚，并要求武某独自承担两个子女的抚养费用。次日凌晨，武某在心生怨恨、绝望无助的情况下，产生杀害李某的想法。随后趁李某熟睡时，武某持钢管猛击其头部，致其当场死亡。

作案后，武某拨打110报警并留在现场。经法医鉴定，李某头部遭受多次打击造成其颅脑严重损伤而死亡。案发后，李某的父母表示谅解武某的行为，并请求对武某从轻处罚。庭审中，公诉机关认为应当以故意杀人罪追究其刑事责任。武某认可指控的事实，但辩解自己是因不堪忍受长期的家庭暴力才将丈夫杀死，辩护人提出武某属于故意杀人情节较轻的情形。

针对案件中涉及的家庭暴力问题，法庭通知了家庭暴力问题研究专家出庭。专家证人接受了控辩审三方询问并提供了专业意见，提出家庭暴力的核心为控制，即施暴本身不是目的，而是施暴者为了达到控制受害者的目的而采取的手段。即使施暴者逼迫受害者离婚，也是为了控制受害者，让其服从自己。受害妇女因不堪忍受长期的家庭暴力，往往会自杀或杀害施暴

者。为了避免遭受更加严重的侵害,受害妇女会在施暴者已经暂时丧失反抗能力的情况下,继续采取极端手段置其于死地。受害妇女的加害行为一般只针对施暴者,在施暴者消失后,对其他人不会再有危害性。

法庭辩论阶段,控辩双方结合专家证人的解答,就武某的犯罪动机、犯罪情节、量刑情节等发表了辩论意见。根据武某的供述以及证人证言,应认定李某在婚姻生活中长期实施了家庭暴力。武某默默忍受后,终因李某的婚外情并逼迫其离婚而产生反抗的念头,武某杀人的动机并非卑劣。结合专家证人的意见,武某属于受虐妇女,作案后没有逃匿或隐瞒、毁灭罪证,而是主动打电话报警,具有认罪、悔罪情节,法院最终认定武某的作案手段并非特别残忍、犯罪情节并非特别恶劣,应当认定为《刑法》第二百三十二条规定的故意杀人"情节较轻"。加之武某具有自首情节,被害人的父母对她表示谅解,法院最终以故意杀人罪判处武某有期徒刑五年。

◎ 案例评析

本案是采纳反家暴专家证人的意见,并适用《关于依法办理家庭暴力犯罪案件的意见》做出判决的刑事案件。武某构成故意杀人罪争议不大,但如何适用刑罚,能否认定为故意杀人"情节较轻"存在较大争议。在案件审理过程中,最高人民法院、最高人民检察院、公安部、司法部出台了《关于依法办理家庭暴力犯罪案件的意见》,其中规定充分考虑案件中的防卫因素和过错责任。对于长期遭受家庭暴力后,在激愤、恐惧状态下为了防止再次遭受家庭暴力,或者为了摆脱家庭暴力而故意杀害、伤害施暴人,被告人的行为具有防卫因素,施暴人在案件起因上具有明显过错或者直接责任的,可以酌情从宽处罚。对于因遭受严重家庭暴力,身体、精神受到重大损害而故意杀害施暴人;或者因不堪忍受长期家庭暴力而故意杀害施暴人,犯罪情节不是特别恶劣,手段不是特别残忍的,可以认定为《刑法》第二百三十二条规定的故意杀人"情节较轻"。

本案中如何准确认定家庭暴力中的正当防卫行为是至关重要的。为了使本人或者他人的人身权利免受不法侵害,对正在进行的家庭暴力采取制止行为,只要符合《刑法》规定的条件,就应当依法认定为正当防卫,不负刑事责任。防卫行为造成施暴人重伤、死亡,且明显超过必要限度,属于防卫过当,应当负刑事责任,但是应当减轻或者免除处罚。认定防卫行为是否"明显超过必要限度",应当以足以制止并使防卫人免受家庭暴力不法侵害的需要为标准,根据施暴人正在实施家庭暴力的严重程度、手段的残忍程度、防卫人所处的环境、面临的危险程度、采取的制止暴力的手段、造成施暴人重大损害的程度以及既往家庭暴力的严重程度等进行综合判断。

本案引入专家证人出庭,帮助合议庭更好地把握家暴事实的认定,同时对被告人给予较大幅度的从轻处罚,对此类"以暴制暴"杀人案件如何准确适用刑罚做了较好的探索,也取得了较好的社会效果和法律效果。武某虽然获得轻判,但其以暴制暴的行为也造成了不可挽回的后果。此案也警醒广大妇女,面对家庭暴力要采取合法有效的解决途径,及时拨打110报警,并积极寻求司法、民政、妇联等部门的帮助,绝对不能以暴制暴。

案例十五：撤销监护人资格案

2014年的夏天，张某在家中通过言语胁迫等方式多次对其未满12周岁的女儿实施强奸、猥亵行为。某检察院提起了公诉。法院审理后，依法判处张某有期徒刑11年。

案例评析

在办理这起案件的过程中，检察院多次走访调查，发现张某的女儿处于无人监护的状态。为避免使孩子的利益受到更多侵害，检查院及时启动了维权救助方案。除对孩子进行多次心理疏导外，还联系了寄宿学校，与当地民政部门协调，为孩子争取到救助金。2015年1月1日，最高人民法院、最高人民检察院、公安部、民政部《关于依法处理监护人侵害未成年人权益行为若干问题的意见》（以下简称《意见》）正式实施。其中规定，父母或者其他监护人性侵害、出卖、遗弃、虐待、暴力伤害未成年人，教唆、利用未成年人实施违法犯罪行为，胁迫、诱骗、利用未成年人乞讨，以及不履行监护职责严重危害未成年人身心健康等行为，都属于监护人对未成年人的侵害行为，法院可以依法撤销其监护人资格。

检察院认为，张某和孩子的母亲全某没有履行监护职责，符合《意见》中"可以判决撤销监护人资格"的情形，应当撤销两人的监护人资格。父母失职，侵害了未成年人利益，依法可撤销其监护人资格。为保障儿童最大的利益,应当对替代监护人做出安排。可这个案子中,除父母之外,没有其他亲友和单位适合承担孩子的监护人。根据《意见》规定,在没有合适的个人和单位承担监护人的情况下,法院可以指定民政部门来承担。检察院向民政局发出了检察建议书,建议民政局就撤销张某监护人资格事宜提起诉讼。后民政局向法院提起诉讼,请求法院撤销张某和全某的监护人资格。为支持民政局提出的申请,检察院向法院发出了支持起诉意见书。法院经过审理做出判决,撤销了张某和全某的监护人资格,后确定民政局为监护人。接到判决后,民政局承担起监护职责。民政局以监护人身份,与临时照料人冯某签订了临时照料协议,双方采用家庭寄养方式让孩子暂时生活在冯某家中,民政局按月提供生活费用。

案例十六：遭继母家暴案

宏宏10岁，经常被继母打骂。有一次，继母甚至把宏宏的头打破了，还缝了几针。有时中午放学回家敲不开门，宏宏只能坐在门口直至下午去上学。邻居心疼孩子经常给孩子饭吃，但每次给孩子饭吃，孩子就被打得更严重。对于孩子进不了家门的事情，继母却对下班回来的父亲郑某说孩子放学后不回家，一天没见孩子的面。父亲听后更是狠狠地打了孩子。邻居看见父亲因继母撒谎而把孩子打得这么狠，想把实情告知父亲，又顾忌邻里关系没有说出实情。有一天，天气非常冷，父亲上班后，不知什么原因继母将只穿秋衣秋裤的宏宏赶至楼道待了一天。诸如此类的情况还有很多。宏宏的老师说他在学校是个活波开朗的学生，聪明、善良，就是经常完成不了作业，衣着比较邋遢，不讲卫生，老师了解到孩子的生活基本是全部自理。询问家里的情况，孩子什么都不说。老师说在学校并未发现其可能在家受虐待的现象，在学校也没有异常表现，只是有一次发现孩子额头有缝针，询问后继母和孩子都说是骑电动车不小心碰的，过后继母又承认是打孩子时失手让其磕到鞋柜上造成的。老师向派出所报了案。

公安出警了解情况，武某说孩子不写作业，她很生气就打了孩子。孩子很淘气，经常放学不回家，每次打孩子也是为了把孩子教育好。民警把反家庭暴力法的宣传手册讲给武某听，并给武某出具了告诫书。武某再不敢打孩子了，邻居也反映没再听到孩子的哭声，老师也说孩子的衣服比以前干净整洁了。

◎ 案例评析

父母作为未成年子女的法定监护人,若不履行监护职责,甚至对子女实施虐待、伤害或者其他侵害行为,任其继续担任监护人将严重危害子女的身心健康。若情节严重可以依据《反家庭暴力法》撤销父母的监护资格。此次事件由于学校老师及时发现,履行了强制报告义务,孩子没有受到实质性侵害,且武某有悔改表现,孩子也受到了好的待遇,能够安心学习、生活,所以才不会撤销其监护资格。

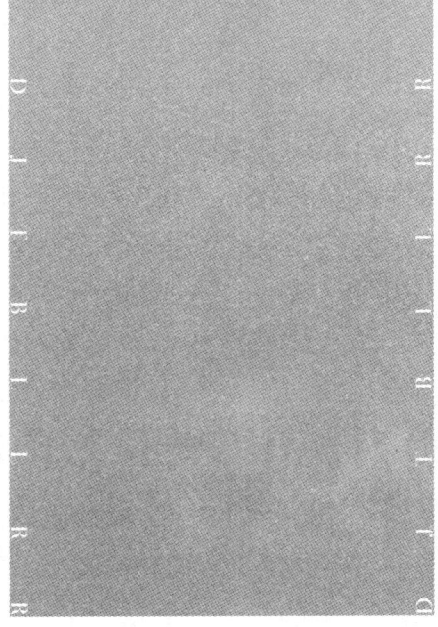

DUI JIATING BAOLI LINGRONGREN

第三章
如何预防家庭暴力

制止家庭暴力重在预防。只有注重家庭文化建设,注重家庭家风、家教,才能从根本上预防家庭暴力。我们必须把对家庭暴力零容忍作为家庭建设、家庭教育和家风培育的重中之重,最大限度地减少和预防家庭暴力的发生。

预防家庭暴力重在培养良好的家庭文化

家庭是社会的细胞,是人生的港湾。人的一生,有大半时间是在家里度过的,家在人的一生里至关重要。《世界人权宣言》第十六条第三款向全世界宣告:"家庭是自然的和基本的社会单元,并应得到社会和国家的保护。"家庭是社会融合、保留和传递价值观的首要媒介,它提供了家庭成员,尤其是儿童成长所需的,在情感、经济和物质方面的支持,以及年老体弱者和残疾人所需的关怀;家庭中父母是孩子的首任教育者,家庭教育对每一代人的价值观和处世态度都产生着重要影响。教育过程始于家庭,又在更广大的社会中得到延续。家庭在健康的所有方面都发挥着关键作用。家庭承担着防治各种疾病、保持良好的健康状况以及促进良好的卫生行为等方面的基本任务。家庭是社会的基本细胞,是人生的第一所学校。"不论时代发生多大变化,不论生活格局发生多大变化,我们都要重视家庭建设,注重家庭、注重家教、注重家风,紧密结合培育和弘扬社会主义核心价值观,发扬光大中华民族传统家庭美德,促进家庭和睦,促进亲人相亲相爱,促进下一代健康成长,促进老年人老有所养,使千千万万个家庭成为国家发展、民族进步、社会和谐的重要基点。"——习近平总书记在2015年春节团拜会上的讲话(节选)。

预防家庭暴力重在培养良好的社会文化、家庭文化。中国五千年文明史形成了倡导家庭和睦、有利于预防家庭暴力的丰富的文化资源,如尊老爱幼、父慈子孝、夫义妻贤、兄友弟恭等,这些优秀的传统文化与现代的人权思想、平等理念、法治精神、包容态度相结合,就可以为预防家庭暴力提供强大的文化支持。

预防家庭暴力重在传承中华民族传统美德,倡导"修身、齐家、治国、平天下"的实现人生理想的步骤和模式,并认为身体力行进行修身养性是"修齐治平"模式的基础,是至关重要的。注重个人心理品质和人格价值的修养,做个品德高尚的人。同时,积极提倡父慈子孝、夫义妻贤、兄友弟恭、待友诚信、为人正直、处事循义、尊老爱幼、尊敬师长、抚贫怜弱的优良品质。由家庭的和睦到社会的稳定,尽到自己的义务。

预防家庭暴力要把家庭暴力的预防作为法治社会建设的重要内容。维护平等、和睦、文明的婚姻家庭关系,既是我国《婚姻法》为21世纪婚姻家庭指明的必由之路,也是每个家庭成员应尽的法律义务。家庭暴力作为违法犯罪行为,必然为法治社会所不容。法治观念的增强是减少和预防家庭暴力最有力的保障。

要把家庭暴力的预防作为家庭建设发展的重点。习近平主席强调要注重家庭、注重家教、注重家风。我们必须认识家庭暴力破坏家庭幸福的危害,认识家庭暴力违法犯罪的本质,把对家庭暴力零容忍的态度作为家庭建设、家庭教育和家风培育的重中之重,最大限度地减少和预防家庭暴力的发生。

家庭文化的内涵

家庭文化是家庭的"精神世界",无时无刻不在影响着人们的精神世界,潜移默化地影响着人们的精神道德、价值取向、文明素质和行为举止,甚至影响着人们的人生道路、人生价值。可以说,家庭文化对每个人,尤其是对青少年的人生有着至关重要的影响。良好的家庭文化氛围,还能有效地抗衡各种消极不良社会现象对人们的诱惑与腐蚀。家庭文化是家庭的物质文化和精神文化的总和。家庭文化属于社会科学范畴,是一个家庭在世代承续过程中形成和发展起来的,较为稳定的生活方式、生活作风、传统习惯、家庭道德规范以及为人处世之道等。家庭文化是建立在家庭物质生活基础上的家庭精神生活和伦理生活的文化体现,既包括家庭的衣、食、住、行等物质生活所体现的文化色彩,也包括文化生活、爱情生活、伦理道德等所体现的精神情操和文化色彩。

家庭文化的内容包括10个方面:

(1)家庭成员的关系。一个家庭,除配偶外,还有父母、子女、兄弟姐妹和亲属。如何处理好家庭成员之间的关系,是家庭文化的一项重要内容。

(2)家庭教育。在家庭教育、学校教育和社会教育这三大教育中,家庭教育是最先起步的,也是最基础的教育。父母是孩子的第一任老师,家庭教育对孩子的一生都将产生巨大影响。

(3)对老人的赡养。对自己和配偶父母的赡养是每个家庭成员的义务。

(4)邻里关系。我国老百姓中流传一句俗话叫"远亲不如近邻",它说明邻里之间互帮互济、礼尚往来一直是我国的优良传统。现在,人们的居住环境改变了,邻里之间的交往接触比过去少了,但是邻里之间仍然应该保持互相体谅、互相谦让、和睦相处的优良传统,主动承担公共责任,营造宽松友善的邻里关系。

(5)家庭的饮食、环境卫生。饮食是人类维持生命的基本条件。随着人民物质生活水平的不断提高,家庭饮食正从吃得饱向吃得好、吃得科学、吃得营养发展,这就需要人们掌握一些有关营养、烹任、食物选购、贮藏等方面的知识,以提高家庭饮食质量。家庭的环境卫生包括自然环境卫生和心理环境卫生两个方面,对家庭每个成员的健康影响都很大。创造一个良好的卫生环境,使家庭成员能在工作、学习之余得到调整,感受到家庭的温暖。

(6)家庭成员的服饰,家庭的设施、装潢。服饰包括衣服、鞋帽的穿戴及首饰、皮包、手表等小饰物的佩戴;家庭的设施和装潢体现了家庭成员的文化修养和审美情趣、生活习惯等。家庭的设施、装潢要量力而行,以实用、美观、舒适为原则,切不可盲目地效仿别人。

(7)家庭气氛的营造。家庭气氛的营造是一门学问,也是一种艺术。人的一生有2/3时间是在家庭中度过的。实践证明,在一个宽松、和谐的家庭气氛中长大的孩子,一般都具有健康的心理和开朗随和的性格,相反,如果家庭气氛很紧张,不协调,孩子的性格容易变得孤僻、暴躁、多变。因此,营造和谐、宽松、健康的家庭气氛对每个家庭成员都是很重要的。为了营造良好的家庭气氛,每个家庭成员都应该多动脑筋,比如适当地组织一些形式多样、内容丰富的家庭娱乐活动。这样不仅使家庭充满了生机,而且可以提高家庭的凝聚力,有利于家庭成员的身心健康。

(8)家庭的经济管理。勤俭节约是中国人的传统美德,善于理财,才能丰衣足食。但是,家庭经济管理也要具有时代特色。一方面要遵循量入为出的原则,减少不必要的浪费,不攀比。另一方面要学会用科学知识指导消费。

(9)家庭的民主平等。家庭成员之间应该平等相处,首先是男女平等。

男女平等是我们国家的基本国策。在家庭中,要形成尊重女性、保护女性的风气,不搞大男子主义。还有家庭成员之间要地位平等,要互相尊重,不论大人还是孩子,都有权参与家庭事务的决策,不要搞一言堂、家长作风,要充分发扬民主,建立民主、平等的家庭人际关系。

（10）家庭的法律法规。没有规矩不成方圆。每个家庭都有自己的家规,比如如何对待老人、如何教育子女、如何为人处世等。

丰富的精神需求和精神生活是家庭建设的核心,同时也是衡量人们生活质量高低的标准。而在人们家庭生活的精神需求和精神生活中,家庭文化需求是健康、和谐、文明的家庭生活不可缺少的、非常重要的内容。满足家庭文化需求,就必须重视家庭文化建设,努力营造家庭文化氛围,其中心就是要倡导所有家庭及家庭成员购好书、藏好书、读好书,与书结伴,以书为友,进行不懈地学习。时下不少家庭看重家庭物质文明建设,舍得投资,却轻视与忽视家庭精神文明建设,其中一个突出表现,便是不愿花钱买书。有资料显示,我国人均购书消费水平偏低,且又呈下降趋势。读书不仅使人增长知识、开阔胸怀、活跃思想、陶冶情趣,而且往往决定着一个人的未来命运以及生活道路。喜欢读书就等于把生命中寂寞的时间变成了巨大享乐的时光。对于非常繁忙的人来说,读书是一种休息;对于十分闲暇的人来说,读书又是一种工作。读书对每个人来说都是一种生活乐趣,而对家庭而言,可以说是一种休闲教育。

民族优秀传统文化是我们中华民族的文化宝藏。民族传统文化的内涵非常丰富,积淀十分厚重。家庭则要珍重和传承民族优秀传统家庭文化。对于家庭而言,民族优秀传统文化最重要、最宝贵的便是家庭伦理观念、伦理道德。在现代社会,我们仍然应该继承和发扬传统的家庭伦理观念、伦理道德,因为这是一种家庭美德。在现代社会、现代家庭,家庭伦理道德主要应该体现在家庭伦理道德观念,家庭责任意识,对家庭的忠诚,如长幼有序、尊老爱幼,孝敬赡养老人,抚养培育孩子,家庭和气、和睦、和谐,家人之间宽容、谦让,邻里之间谦和、礼让、互助,崇尚勤俭持家,戒除贪图享乐、奢侈庸惰,知廉耻,明是非,远离丑陋、丑恶、邪恶、罪恶,等等。同时,在传承民族优秀传统家庭文化方面,要注意摒弃封建愚昧消极的东西,如愚孝、男尊女卑、包办婚姻、家庭暴力等。

家庭文化建设中一个重要方面是要树立现代文明理念,崇尚现代先进科学文化。概括地说,家庭要具有现代观念、现代意识、现代精神。具体说,家庭应该注意培育这样一些理念、精神、品质:与时俱进精神、创新精神、科学精神、文明精神、时代精神、进取精神、奉献精神、法制意识、民主意识、平等意识、社会权利与社会责任义务意识、社会公德意识、社会主义荣辱观、现代社会家庭观等。

只要家庭重视家庭文化建设,那么,不仅会有效地提升家庭成员及其家庭文明水平,也会提升国人现代文明素质与国民素质,促进社会主义精神文明建设与社会和谐,从根本上预防家庭暴力的发生。

营造好家风　反对家庭暴力

家风,亦称门风,是指一个家族或家庭的风尚、风气与风格。具体而言,家风是一个家族或家庭在世代繁衍过程中积淀并代代相传的日常生活习惯、言行规范、为人处事之道等的总和。家风,反映的是整个家族或家庭成员的精神风貌、道德品质、思想情感、审美情趣等,其本质是整个家族或家庭的共识性的价值观念与价值追求。

中华民族素有重视家庭、家风与家教的优良文化传统。尊老爱幼、妻贤夫安、母慈子孝、兄友弟恭、耕读传家、勤俭持家、知书达礼、遵纪守法等中华民族传统家庭美德,铭记在中国人的心中,融入中国人的血脉中,是支撑中华民族生生不息、薪火相传的重要精神力量,是家庭文明建设的宝贵精神财富。

家庭,作为社会的细胞,是人的安身立命之所。良好的家风,不仅潜移默化地影响人的心灵,涵养人格品质,形塑世界观、人生观、价值观,对个人的成长成才至关重要,而且于国家发展、社会文明进步都有不可估量的作用。

良好家风的培育与传承,须男女两性、父亲母亲共享权利与共担责任。家庭是个人成长的摇篮,为人父母者是孩子的第一任老师,也是最重要的老师。父母是什么样的,孩子就会跟着学成什么样。父母的言行举止、为人之道,无时无刻不在影响和塑造着孩子的生活习惯、思维方式、言谈举止、人格品质乃至价值观念。父亲母亲在社会和家庭生活中互尊互爱,平等相待,共享权利,共担责任与共同发展实践,于无形中感染和熏陶着孩子,规范其言行举止,养成其积极、健康、向上的价值观。现代意蕴的良好家风的培育与传承,须男女两性、父亲母亲共同认识到良好家风培育与传承的重要意义,以身作则、言传身教,共享共担家风培育与传承的权利与责任。

良好家风的培育与传承,须以社会主义核心价值观与男女平等价值观为根本的价值指引。当前,具有现代意蕴的良好家风的培育与传承,须男女两性、父亲母亲以身垂范、言传身教,须积极建构和营造人格、尊严、价值平等,和谐融洽的夫妻关系与代际关系。平等、和谐、融洽的家庭关系是良好家风培育与传承的基础。

不同于传统社会固化的"男主外、女主内"的不平等性别分工,已经有越来越多的男性、女性认识到并认同两性在社会生活和家庭生活中平等相待与和谐相处,共享权利与共担责任,良性互动与共同均衡、全面发展的重大意义并转化为积极主动的实际行动;有越来越多的女性走向社会,参与经济社会发展;有越来越多的男性把更多的时间和精力投入家务劳动、育儿、家庭教育、照料老人中,积极主动承担家庭责任。

平等、和谐、融洽的家庭关系,带给孩子良好的成长环境。反对家庭暴力,最需营造好家风。家是温馨的港湾,家的温馨来自彼此之间关系的和谐。人生在世,就要学会待人接物,学会为人处世。家庭成员互相都是亲人,如果连亲人之间的关系都处理不好,又如何指望他们在事业方面有更好的发展呢?家和万事兴,处理家庭关系,要注重"和"为先,任何时候都要讲究以情动人、以理服人。动辄拳头相向,那是心虚的表现。对自己的爱人如此,就会使彼此之间的感情淡漠,会让对方离自己越来越远,甚至会坠入离婚的泥淖。对自己的孩子如此,虽然会让孩子怕自己,但这种用拳头说话的方式也会影响孩子,会导致孩子心理畸形。如果孩子学会了这种方式,他们日后就会对别人暴力相向,这将非常可怕。营造好家风,家庭成员之间要学会沟通。很多误解都是由于沟通不畅导致的。

夫妻如何在家庭中扮演好角色

夫妻是世界上关系最亲近的人,是相守时间最久的人,夫妻之间关系和睦、恩爱,不仅会给双方的工作、事业带来无穷的动力,还会给孩子的成长带来很深的影响。夫妻双方应该从以下几方面去努力:

(1)理解。在社会竞争日趋激烈的今天,男女双方都面临压力,要在激烈的竞争中求生存、求发展。在这种情况下,理解就显得格外重要。特别是在一方遇到困难的时候,多一份理解,多一份鼓励,会给对方增添力量,这就是我们常说的患难与共。

(2)尊重。在任何场合下,注意尊重对方。特别是在他或你的同事、朋友及自己的孩子面前,不指责对方,尊重其选择,不强加于人,有问题留到没有外人时再交换意见。

(3)信任。在夫妻之间,主要表现为感情上的信任和经济上的信任。在感情上不要限制对方和异性交往,尊重配偶的隐私权,在经济上要互相信任,互相商量,特别是对方想对自己的父母尽些孝心时,应给予充分的理解和支持。

(4)宽容。宽容是对别人的理解,是一种放得下的大度。夫妻之间只有宽容对方的缺点和错误,家庭才能和睦。

(5)事业。夫妻都要有自己奋斗的事业。因为,夫妻二人的交流和沟通,从大的方面说不外乎两个内容,即社会生活和家庭生活。如果没有自己的事业,夫妻之间无法交流,无法赢得对方的尊重。

(6)善于化解矛盾。夫妻之间不可能没有矛盾,学会化解矛盾十分重要。处理矛盾要讲究策略,在一方不冷静的时候,另一方要保持冷静,要学会换位思考,多做自我批评。切不可激化矛盾,要时时提醒自己,伤害感情的事不做,伤害感情的话不说。夫妻在一起时间长了,可能会因为生活的单一而使感情趋于平淡,因此,夫妻双方要不断赋予爱情以新的内容。爱是一种积累,点点滴滴有意识地让对方感觉到,爱情才会不断升华。

父母是孩子的第一任老师。父母的品德、学识、气质、风度将潜移默化地影响子女,甚至会影响一生。父母的言教、身教是影响孩子健康成长的关键因素。鼓励和信任是父母送给孩子最珍贵的礼物。优良的品格、渊博的学识和自立于社会的能力是父亲、母亲送给孩子最丰厚的财产。

家长对孩子的培育中,普遍存在的问题是重智力、轻德育,溺爱多、包办代替多,培养自立能力不足。绝大多数孩子享受着"小公主、小皇帝"的待遇,说一不二,事事处处以自己为中心。还有些父母,不管孩子的天赋如何,不管孩子的兴趣是什么,完全凭自己的一厢情愿,强制孩子一会儿学钢琴,一会儿学绘画,一会儿学奥数,一会儿学外语。父母望子成龙、望女成凤的心情可以理解,但方法欠妥。正确的教育方法应该是:

(1)循循善诱,经常给孩子以鼓励和信任。信心是一个人成功的关键因素,但是,信心从何而来?要从小培养。在孩子成长的过程中(包括从小学习吃饭穿衣、学习文化技能、学习为人处世的本领),时时处处会遇到各种困难,这时候他最需要的是鼓励、信任和支持。

(2)建立平等的朋友关系,切忌居高临下的家长作风。中国是一个受封建思想影响极深的国家,这种封建思想反映在家庭中,就是"家长制作风"。不管对与不对,都是父母说了算,甚至不允许孩子申辩。还有的父母相信"棒打出孝子",动辄打骂孩子。其实,一个合格的父亲、母亲,首先应该是孩子最信赖的朋友。孩子在困惑时,在遇到困难时,第一个想诉说、想求助的人应该是父母。而父母要想取得孩子的信任,应该注意和孩子站在平等的立场上,经常交流思想,探讨问题,帮助他分析利弊,向他提出建议。作为父

母,还要善于向孩子学习。时代所以前进,是因为一代比一代强。年轻人接受新思想、新观念、新事物快,而做父母亲的,因为阅历丰富,处理问题比孩子有经验,双方可以互相取长补短。父母还要学会尊重孩子,特别是在他的同学、同事、朋友面前,尊重他的感情、他的权利、他的隐私。

(3)夫妻在教育子女时态度要一致,要勇于在孩子面前认输、认错。当父母发现子女有问题的时候,首先应该进行分析,待双方取得统一认识后再和孩子谈话。如果事发突然,来不及研究,也不要在孩子面前表现出分歧甚至争吵,即使有一方在教育子女时方法欠妥,另一方也应该对孩子说,父亲(或母亲)的出发点是为了你好,你应该理解。夫妻俩的协调工作要在背后进行,让孩子看到的,永远是父亲母亲的同心协力,切不可一方教育子女,另一方出面袒护。

(4)父母要时刻注意自己的言教和身教。作为父母,要经常反思自己的一言一行。比如,你教育孩子要好好读书,你自己应该想一想,你的业余时间是如何度过的,是迷恋打麻将、打游戏,还是读书学习?你平时关心的、议论的中心是什么,是穿衣打扮、吃喝玩乐还是工作和事业?你平时的一言一行,你对孩子的点点滴滴的要求,都会让孩子看在眼里,记在心里,融在潜意识里。日久天长,他会情不自禁地效仿,甚至成为他自己的行为习惯。

做晚辈的,对老人都要承担赡养义务。绝大多数老人是用毕生的精力养育自己的子女,特别是在我们中国,很多老人在退休后,又承担起"家政服务员"的角色,为儿女买菜做饭、接送孩子等。作为子女,应该通过经济上、精神上的关心、帮助,对老人的付出给予回报。

学会经营婚姻

在家庭中,只有每个成员之间做到相敬如宾,在秉承相应道德底线和行为约束的前提下,才能够真正收获和谐的家庭氛围。首先,融洽的夫妻关系是和谐家庭的根基。要想拥有一个美满的、高质量的婚姻,必须用心去经营、处理好夫妻关系。经营婚姻是一门学问,更是一种艺术。融洽的夫妻关系不只是默默地付出,不只是无微不至地照顾,不只是失去自我的奉献……融洽的夫妻关系需要婚姻中的两个人共同营造一个爱的氛围,相互信任、相互理解、相互包容。猜疑在婚姻中是一种心理现象,是由于缺乏"自我安全感"引起的。猜疑心很重的人常担心自己在人际关系中处于不安全的境地,对周围环境疑虑过多。因为社会生活纷繁复杂,对某种情况或某个问题缺少真实信息,无法做出合理判断,所以就会用猜疑来弥补自身对真实信息的缺乏。猜疑既影响人际关系,又影响自己的情绪和身体健康。因此,夫妻之间要建立互信、融洽的关系,真诚相处。因为融洽的夫妻关系是治愈相互猜疑的根本,这也要求夫妻间在遇事时要多往好处想。和谐家庭中的夫妻,当第一次出现猜疑的信号时,千万要保持冷静,不要冲动行事。因为有些时候,事实并不是想象中的那样。首先要判断对某事的猜疑是否具备充分的理由。如果疑点很多,证据确凿,你应设法核实情况,以求证实。如果证据模糊不清,主观臆断,演绎过多,甚至带有很强的猜想色彩,就该尽快结束猜疑,用暗示法提醒自己:"管他呢,别想那么多,别把人家想得太坏。"正确面

对生活,掌握处理婚姻关系的技巧,融洽夫妻关系,是建立和谐家庭的基础。因此,夫妻之间在相处时要学会:

(1)相互欣赏。一是"努力使自己被对方欣赏",二是"努力去欣赏对方"。爱情的真正魅力在于两情相悦。

(2)人格独立。婚姻中的每个人都是相互独立的,不可相互占有。

(3)尊重对方。要想使婚姻更加稳固,最重要的一条是要学会尊重。只有懂得尊重对方,才能得到对方的尊重。不仅要尊重对方,还要尊重对方的父母、兄弟、姐妹以及对方的亲朋好友。如果你瞧不起对方的家人,更有甚者将对方家人推到了自己的对立面,这种做法是绝对不可取的。

(4)相互宽容。在家庭生活中,夫妻双方会因为一些小事产生摩擦,影响家庭的和谐气氛。夫妻之间产生摩擦,彼此或多或少都有一定的责任。一个人不可能十全十美,你之所以会去喜欢一个人,那么一定是这个人的某点个性吸引了你。如果彼此都能学会生活的艺术,相互宽容,从而给家庭生活增添润滑剂,那么家庭生活就不会或少有矛盾。

有人说:"幸福的家庭都一样,而不幸福的家庭各不相同。"婚姻因人而异,也因存在的环境而不同,故经营婚姻的方式与措施也会有所差异。婚姻的经营之道,看似复杂却原本也是如此简单,那就是夫妻双方学会忍让、信任、理解。

了解家暴当事人的心理

关注夫妻间家庭暴力双方间的心理特征与心理健康尤为重要。下列这些情况,如果长期、大量、频繁出现,可能是家庭暴力的危险信号:

(1)常常因为一点小事就大发雷霆,觉得自己备受伤害。

(2)嫉妒心超强,往往以爱作为借口来"吃醋"。

(3)试图孤立你,将你同你可能获得帮助和支持的人隔离开。

(4)自我评价低,总有不安全感。

(5)明明是自己的错误,却责怪别人。

(6)常常因为自己的情绪责怪别人,并把责任推到别人身上。

(7)有成瘾现象:酗酒、赌博、吸毒等。

(8)所在家庭有过施暴的历史,从小目睹过家庭暴力。

(9)对小动物和孩子残忍。

(10)对各种武器装备着迷。

(11)认为用暴力解决问题无可厚非。

(12)常常用暴力行为威胁他人,如砸东西等。

(13)吵架的时候爱动手动脚。

(14)吵架的时候常常使用威胁性的词句,比如"我要宰了你""信不信我抽你""再唧唧歪歪脑袋给你拧下来"。事后他们常常会解释为"只是说说而已"。

(15)对两性的角色有着根深蒂固刻板印象的。这样的男性常常会认为女性就是不如男性,就是该男的说了算。

(16)控制欲强,甚至不准别人有个人主见。

(17)常常对配偶怀着不切实际的期望,希望对方能满足自己所有的愿望。

(18)往往喜怒无常,可能这一分钟还彬彬有礼,下一分钟就勃然大怒。

(19)对配偶显现出过分的占有和依赖,尽管有时他们会否认,但这并不意味就不存在。

(20)愤怒是情绪的单一表现方式,对于情绪的交流水平技巧拙劣。

(21)对配偶和婚姻存在不现实或超高水平的期待。

(22)缺乏自我控制却严格控制家人。

(23)否认自己的暴力行为或对于此类行为轻描淡写。

(24)"顺我者昌,逆我者亡"式的走极端的情绪变化特征明显。

(25)对于女性权威的挑战心理严重,可能同时或部分具有嫉妒、否认、冲动、抑郁、挑剔、攻击性等特征。

夫妻之间的家庭暴力中受害者的特征:

(1)曾经常遭人贬低而自卑。

(2)缺乏自信,对改善婚姻状况缺乏有效手段。

(3)有过被虐经历,或曾目睹家人受虐,并认为是运气不好。

(4)因为羞辱感而有意掩盖受虐事实。

(5)缺乏能够让她们成功摆脱受虐的社会支持系统。

(6)有严重依赖思想,宁愿受辱也不愿独自面对问题。

(7)对施虐者存有没有根据的幻想。

(8)对于表达自己的合理要求缺乏有技巧的手段和方式。

(9)接受旧时代对于女性的要求而自愿委曲求全,因而助长对方的气焰。

夫妻之间的家庭暴力中受害的妇女不选择离开的原因:

(1)她们害怕遭受更加严重的攻击。

（2）谋生手段的缺乏使她们不敢贸然行动,担心自己和孩子生计无门。

（3）一旦把受虐事实公之于众,她们担心随之而来的羞辱让她们难以立足。

（4）害怕单身女性应对社会的无力感。

（5）依然有感情上的留恋,使她们愿意接受对方关于改正错误的承诺,并害怕对方以死相逼。

（6）如果目前的生活水平富裕,她不愿意降低自己的生活水准。

（7）施虐者的时好时坏,使她们宁愿记着好的时候而忘记伤痛。

（8）幼年父母有暴力行为的婚姻模式使她们认同婚姻理当如此。

（9）社会支持系统的缺乏会使她们对于反抗和离开深怀恐惧。

产生家庭暴力问题的夫妻双方,在心理特征表现方面都是存在一定问题的。如果心理方面的问题解决了,家庭暴力产生的可能性就会越来越小。在现实生活中,家庭暴力的产生是有一定周期的,如果双方能够把心态调整好,就能够顺利度过危险期。否则,可能就会出现轻微的身体虐待,随后就进入周期性的暴力阶段。因此,夫妻双方都要关注自己的心理问题,要不断提高自己的心理健康水平,健全自己的人格。社会对家庭的心理关注、加强心理健康宣传与教育对于预防家庭暴力都具有非常重要的意义。

如何预防对儿童的家庭暴力

家庭暴力中妇女、儿童是主要受害者,但对儿童的家庭暴力却没有像对妇女的家庭暴力那样引起社会的广泛关注,其原因在于法律对儿童的保护是通过监护人来实现,而对儿童实施家庭暴力的加害者往往就是监护人,因此对儿童的家庭暴力往往更具有隐蔽性。

对儿童的家庭暴力是一个社会问题,需要多机构合作才能有效预防和制止。首先,要逐步完善对预防和制止儿童受暴的法律保护,作为政府的工作职能加以推进,政府可以开设儿童热线、儿童庇护所等;其次,要加强社会救助,建立多机构多部门的支持体系。妇联、居委会要直接干预,医疗机构建立专门的心理救治室,医护人员一旦发现儿童身上有伤痕要及时通知有关的儿童保护组织,由他们出面干涉。另外,要提高儿童自我防范的意识,尤其是学校要提高儿童对家庭暴力的认知能力,提高防范意识,教会儿童如何寻求外界的保护。同时,要加强儿童权益保护的相关法律法规的宣传力度。不仅要提高儿童的防范意识,也要提升社会预防和应对家庭暴力的能力,还要在大中小学、公安、妇联、医院、人民调解委员会等机构成立维护儿童权益的法律志愿者队伍,为遭受家庭暴力侵害的儿童提供法律保护与救助。

家庭暴力对儿童造成了严重的肉体和精神的损害,阻碍了儿童的健康成长。每一个人都有责任和义务保护受家庭暴力侵害的儿童,让儿童远离家庭暴力的侵害。

DUI JIATING BAOLI LINGRONGREN

第四章
如何制止家庭暴力

制止家庭暴力是每个家暴受害者必须面对的问题。需要从思想上,提升个人防治家庭暴力的意识、行动、方法等全方面采取实际救助措施,才能维护自身的权益。

绝不纵容第一次家庭暴力

家庭暴力是让家庭走向分崩离析的重要原因之一,绝大部分人既不想成为家庭暴力中的施暴者,更不想做家庭暴力中的受害者。家庭暴力之所以从产生到愈演愈烈多是由于对家庭暴力的纵容所致。调查表明:一次的纵容必然会导致家庭暴力的变本加厉。家庭暴力之所以被纵容很大程度上是受到了传统封建思想的影响。首先,很多人认为家事就要在家中自行解决。即使家庭中发生了家庭暴力,也抱着这样的想法隐忍、纵容,这让家庭暴力行为难以被制止,从而愈演愈烈。其次,在家庭暴力发生后总是觉得有感情而原谅施暴者。当家庭暴力发生时,受害者很可能已经下定了诉诸法律的决心,然而当暴力过后平静下来,因为对这个家庭的爱和对子女的爱而最终放弃,不忍让家庭破裂。或在家庭暴力结束后,施暴者悔过从而轻易原谅。再次,受害人缺乏法律意识,对于家庭暴力的特点和危害性认识不足。

有这样一个案例,张女士因被丈夫毒打致腿骨骨折再次住院,据其介绍,这已经不是第一次了。张女士结婚才两年多,本该幸福快乐的婚姻生活却使她苦不堪言。丈夫经常对她恶语相向,拳脚相加。当年,她通过网络与丈夫李某相识,很快就登记结婚,育有一子。结婚前,她对李某缺乏了解,婚后不久,两人性格矛盾开始暴露。丈夫性格暴躁易怒、控制欲强,且有酗酒、赌博的恶习。为了赌博,他时常向张女士要钱,一旦遭拒,就对其拳脚相加,如果喝了酒,则打得更凶。结婚以来,李某对张女士实施家庭暴力达三十多次。然而当询问她为何要纵容丈夫的行为时,她却说:"打归打,但还是一家人,毕竟是家务事,谁来管呢?不愿待在家里受伤害,又能去哪里呢?到头来还得跟他过。"

倘若张女士在第一次遭受家庭暴力时就坚决不予以纵容,她不可能遭受三十多次的家暴。要想做到不对家庭暴力隐忍纵容,首先,绝不能在家庭暴力面前示弱。当暴力发生的时候不要示弱,让对方知道你是有反抗手段和能力的。婚姻中其实充满了心理上的较量,任何一种婚姻模式都是自己创造出来的,如果因为觉得"家丑不可外扬"而选择默默地忍受,有了第一次就绝对会有第二次、第三次……其次,第一次家庭暴力发生后,要有允许第一次但绝对不允许第二次的坚定信念。每一个人在一生中都会犯错,如果只是第一次施行家庭暴力,那么可以给施暴者一次机会,毕竟谁也不希望自己的家庭轻易破裂。但必须对施暴者进行惩罚和警告,要明确家庭暴力如果再次发生,受害者将采取的手段和对方将承担的后果。这样就能及时终止家庭暴力行为。向施暴者发出警告,光凭受害者自己的力量可能不行,要敢于向家人、居委会、妇联、派出所等部门求助。不要因为碍于面子怕他人知道而不去寻求帮助。将施暴者的恶行向家人、居委会、妇联、派出所等部门曝光是对他最大的威慑,也能够让他再次在施行家庭暴力行为前产生顾虑,从而制止家庭暴力行为的发生。

警惕语言暴力

争吵是发生在每对夫妻之间正常的事,然而不可否认的是,有些婚姻确实是在争吵中逐渐解体的。究其原因并非是争吵本身导致了婚姻的灭亡,而是隐藏在争吵中并充斥着整个婚姻生活的语言暴力。很多夫妻因为一些生活琐事而争吵,吵着吵着就从对事情本身的看法分歧上升到了互相谩骂,甚至互相对对方的人格进行侮辱,吵急了甚至口无遮拦地将对方的家人一并"牵连"。在这一过程中其实就充满了"语言暴力",而它对夫妻感情造成的伤害绝对不容小视。虐待的言语充满了挖苦和贬抑,企图使对方感到难过,这种暴力对于夫妻间的感情会产生难以愈合的巨大伤害,从而很快导致婚姻的破裂。

语言暴力相比于其他形式的家庭暴力,让施暴者更难意识到自己的错误,也更难诚心悔改。每个人都会发脾气,也都会说些事后会后悔的尖锐言语,但如果在理智上和情感上是成熟的人,便会承认这是一种错误的行为,会向对方表示后悔之意,会请求原谅。相反,一个经常进行口头施暴者很少会请求对方宽恕,也很少会承认暴虐的言语是不当的。

有这样一个案例,苑某的丈夫总为一些小事动不动就说要烧房子,要掐死她,要砍死她。苑某每天生活在恐惧中,迫不得已向对方提出离婚。对方威胁苑某,如果敢离婚,就杀死苑某及其父母全家,并扬言"你生是我家人,死是我家鬼"。这种谩骂的恐怖语言使苑某感到朝不保夕,每天生活在恐惧中,整夜无法入睡,她甚至把遗书都写好了。可见,语言暴力的危害性是非常严重的。语言暴力就好像一个看不见的拳头,每次挥舞都会重重打在受害者的心里,相比于对肉体的伤害,这种伤害往往更痛彻心扉。

如何区分争吵和语言暴力呢?首先,语言暴力与争吵最大的区别就是对对方人格的攻击。夫妻间因为意见不合而发生争吵应当就事论事,倘若争吵变成了人身攻击,攻击方开始利用言语对另一方的人格进行侮辱、诽谤和攻击,那么就演变为语言暴力了。其次,语言暴力的发生往往伴随着一方理智的丧失。夫妻争吵的过程中如果没有丧失起码的理智和对是非的判断,那么在争吵过后往往能够总结自己的错误,从而最终与对方和解。然而语言暴力往往是一方完全丧失理智后的言语,言语中充满了对自己正确性的不可否认和对对方错误不能抵赖的态度,甚至是一些过分的威胁。这种态度并非建立在客观的认知上,而是完全丧失理智后的不讲道理。再次,语言暴力往往会涉及不相关的人和事,尤其是对方的家人和对方曾经犯过的错误,并经常辱骂对方的家人,借此发泄自己心中的怨气。

在夫妻吵架中不该出现的话语:

(1)动不动就提离婚。离婚是两个人的爱情已经走到尽头,彼此的心都凉透了,在一起已成为一种折磨,相互厌恶已无可救药时而做出的无奈选择,而不是用来吵架时要挟对方的话。动不动就要离婚会使对方心中形成阴影和裂痕,从而让对方觉得也许你已开始不想与对方好好过生活了,对方也没有必要自作多情,就这样,一段原本美满的婚姻最后走向了尽头。

(2)总说后悔与你结婚。当配偶发现你与他/她在一起时不是那么美好,反而是一件很晦气的事时,这个人还会相信你对他/她的爱吗?当你再跟他/她说我爱你时,傻子都会去怀疑这句话的真实性。如果你还想与对方好好一起过日子,那么就不管当时有多生气,都不要一时脑热地说出这样一些让自己后悔的狠话。一旦说出来了,你的婚姻就是凶多吉少了。

寻求外界的帮助

当遭受家庭暴力时,绝不能在暴力面前妥协,不能让软弱导致暴力行为愈演愈烈。然而在有些时候,作为受害者的一方,可能确实有各种各样的原因导致无力依靠自身进行反抗,但这并不代表没有任何办法,其实完全可以通过寻求外界干预的方式来让更多人帮助制止施暴者的暴行。对于很多长期忍受夫妻暴力的受害者来说,之所以难以终止施暴者的暴力行为,并非施暴者过于强大,而恰恰是怀揣着"家丑不可外扬"的守旧思想,任由施暴者在家中对自己欺凌。

家庭暴力受害者将家庭暴力诉诸外界寻求干预并不丢人,相反这才表明在面对夫妻暴力时有勇气和智慧。在寻求外界帮助时多半都会赢得外界的同情,同时利用舆论的力量,往往能够起到震慑施暴者的作用。寻求外界干预是成功摆脱家庭暴力的最好手段。将家庭暴力行为向派出所、街道、妇联等部门反映后,通常都会获得相应帮助,并且这种帮助还带有法律上的强制性,能够强制规范施暴者的行为。另外,也可采取向家人诉说的方式,通过亲情的途径来感化施暴者或对施暴者予以批评,对其施加心理压力。倘若施暴者发现连家人都认为他的行为是错误的,他很可能会重新审视自己的暴力行为从而改正,也能够迫于家人的压力,在行为上稍加收敛,不敢任意妄为。

如果所有非强制手段都无法阻止施暴者继续自己的暴力行为,那么就应该使用法律作为最后的"武器"。通过法院起诉离婚，如果施暴者对受害人造成了严重的伤害，还可能追究施暴者的民事、刑事责任，让其受到应有的惩罚。面对家庭暴力，不要再让自己孤立无援，你完全可以寻求外界干预。让更多人了解施暴者的行为，通过家庭、社会、法律的力量来维护自己的合法权益。

离婚是一种解决办法

很多家庭暴力案例中的暴力行为十分残忍,这些暴力行为的受害者之所以能忍受,是不想离婚。离婚意味着家庭的破裂,意味着苦心经营的婚姻走向解体,这是每一个对家对婚姻有着深深热爱的人都不希望看到的。然而之所以珍惜家庭和婚姻,是因为它能够带来温暖与幸福,而非是虐待与痛苦。倘若夫妻之间经常出现暴力行为,那么一味地为了保住婚姻而忍受,其实已没有意义。

在家庭暴力面前,选择离婚也是一种解脱,预示着可以开启新的未来生活。离婚是每个人的权利,任何人都不能干涉,法律保护离婚自由。中国有一句老话:"宁拆十座庙,不毁一桩婚。"这种观念是错误的。家庭暴力受害人之所以难下离婚的决心,首先,是因为经济原因,担心离婚后无房居住,无收入来源,本已习惯的生活会被打乱,或是担心自己无法撑起一个家。然而如果说家庭暴力已经让生活面目全非,那么何不放弃这段婚姻,依靠自己来争取幸福。其次,就是担心离婚让家庭中的其他成员因此而伤心难过。曾经有过这样的报道,一个女子经常被她的丈夫毒打,然而当问及她为何不选择离婚时,她却说不想让自己的妈妈伤心,因为怕妈妈接受不了;也不想让婆婆伤心,因为婆婆对她特别好。这样的原因看起来确实属人之常情,然而婚姻始终是夫妻二人的事情,能否真正得到幸福的婚姻生活也主要依靠夫妻二人共同努力。倘若对方已经将暴力充斥了婚姻,那么与其为别人考虑就不如多为自己的未来和幸福考虑。再次,也是最普遍的原因,就是为了孩子。很多家庭暴力的受害者之所以选择隐忍,只是为了孩子。然而,如果孩子每天看到自己最亲的人遭受家庭暴力的折磨,或父母之间拳脚相加,一旁的孩子肯定会惊恐万分,大哭不止。这样的情形对孩子的成长也是不利的。

现实中,虽然目睹家暴的孩子不是家暴的直接受害者,但家庭暴力给孩子的伤害无疑也是巨大的,主要体现在对其精神和心理的伤害,同时对其性格、行为模式的形成会产生巨大影响。可见,目睹家暴给未成年人带来的影响可能是一生的。一个人如果在儿童时期遭受暴力或是目睹暴力,其成年后成为施暴人的可能性远远高于正常环境下成长的孩子。家庭暴力具有"习得"性特点,就是说家暴加害人不是天生具有暴力倾向,而是受到生长环境、人生经历的影响。从这个意义上说,为了孩子,恰恰应选择离婚。

"打是亲、骂是爱"是错误的想法

小强在家里经常遭受爸爸的殴打和妈妈的冷嘲热讽。一次,考试不及格,爸爸当着老师的面,打了小强两个耳光,小强非常怨恨爸爸。在其他人面前,妈妈也从不给他留面子。一天,小强的妈妈遇到了一位朋友。聊天中,朋友说她刚带着儿子从欧洲旅游回来。小强的妈妈感慨地说:"唉,我这儿子不争气,钱都给他补习了,要不,我也想去旅游。"说着,她瞪了儿子一眼,丝毫不顾及小强的感受。妈妈的话让小强大受刺激,长期以来的压抑让他无法控制自己,突然他大声吼道:"这学我不上了,省下你的钱去旅游吧!"说完,他沿着马路狂奔起来,一边跑还一边脱衣服,最后脱得全身赤裸。路人惊得目瞪口呆。

一个14岁的孩子,之所以会用"裸奔"这样极端的方式来发泄自己心中的积怨,其实就是他的父母亲长期对他进行家庭暴力所致。肉体的痛楚和精神的虐待让孩子的内心彻底崩溃,从而做出让别人都感到不可思议的举动。

父母在教育孩子的过程中一定要避免出现那些严重打击孩子内心的话语和行为。首先,不要在批评教育孩子时伤害孩子的自尊心。有些父母在孩子考试成绩不好或做错事后,张口闭口就是"笨蛋、没用的东西"一类言语。说者无意听者有心,这些话一旦进入孩子心里,就会严重挫伤他们的自尊心和自信心。倘若父母不希望自己的孩子成为真正的"笨蛋",那么就不要给自己的孩子贴上这样的"标签"。父母一定要意识到相比身体的创伤，孩子内心的伤痛更难以被治愈。假如不慎在打孩子的时候打得重了些，若能及时就医还能够弥补过错。然而如果在责骂孩子时我们总是有失尺度，当我们发现孩子因为被责骂而出现心理问题时，想要治愈可就没有这么简单了。因为治愈心理问题不光要靠心理医生的治疗手段，还需要依靠患者自身建立起一些相应的心理防御机制，而这对于心理尚处于发展期的孩子来说几乎是不可能的。如果等到孩子长大，心理机制完全形成，那么这些心理问题往往也一同成长为更加棘手的心理问题甚至是心理障碍和心理疾病，给治疗增加了很大难度。其次，要给孩子发言权。强权教育是对孩子产生极不良影响的一种教育误区。只是一味地要求孩子听话，或是在孩子想要表达自己内心想法时认为这是一种狡辩，从而根本不给孩子说话的机会，这是极其错误的。再次，当孩子犯错后，不可流露出不管孩子的态度和行为。有些父母在发现管教对于孩子来说效果不好时，就对孩子的事情不闻不问，完全不去管，这会对孩子的心理造成极大的伤害。对于每个孩子来说，父母的关注永远是他们心中最重要的东西，倘若失去了父母的关爱，孩子的心理很快就会畸形发展。父母应清醒地认识到身体暴力和语言暴力都是对孩子权利的侵犯。孩子不是父母的私有财产，不可任你打骂，孩子同样有人权。"打是亲、骂是爱"是传统的旧观念，应当摒弃。

有的父母对孩子实施家庭暴力，是由于通过打骂孩子来发泄自己的压力和对现实生活的不满，把孩子当作"出气筒"。因为压力并不完全受自身的控制，倘若内心压力很大而又没有选择恰当的方式进行排解，那么当心理承受能力达到极限时，压力就会爆发出来，并表现出一些过激行为，其中当然也包括对孩子的责骂和虐待。压力人人都有，作为父母除了要承担工作、生活的压力之外，抚养、教育子女也是一份重任。因此，作为父母更要学会科学排解压力，而不要让孩子成为父母释放压力的"出气筒"。

下面介绍一下排解压力的方法：

（1）消除压力源。缓解压力最直接的方法就是找到压力源，然后尽可能地消除它。如果压力是由于工作任务重造成的，不妨合理安排一下时间，重

要的工作先做，次要的放一放，待时间充裕再完成。

（2）合理宣泄。压力是在所难免的，在面对压力的时候，不妨将心中的压力和不快说出来，或者通过运动来缓解。首先，参加一些运动量小、缓和沉稳的运动项目，比如慢跑、打太极拳等，使心情平静下来，然后再逐渐过渡到大运动量的运动。如果压力是来源于工作上的，那么就参加一些以集体配合为主的运动，如篮球、排球、毽球等，通过这些运动在集体协作、默契配合中享受愉悦、快乐、幸福，使忧烦的心绪得以排解。其次，变换运动环境。人都有一种求新求异的心理，变换环境其实就是满足了这种心理。一旦环境变化就会对缓解压力起到意想不到的效果。比如，经常在室内工作的人，到户外去爬山，到小树林里去跑步，会感觉轻松愉快。

（3）做深呼吸。当心力交瘁时，最快的一种恢复平稳的方法是深呼吸，然后想想到底是什么让你感觉焦虑。深呼吸也能在你体内注入更多的氧气，从而让你的精力更加旺盛。建议每天冥想10分钟。冥想是解除任何形式和程度压力的最好方法。它能降低心跳频率和血压，减缓呼吸，平复脑电波，更快恢复身心平稳，防止在压力下身体的免疫能力下降。

避免对孩子实施家暴,父母要掌握正确的教育方法

孩子是父母生命的延续,寄托了父母无限的期望,而孩子有时却并不如父母所愿,于是有些父母"恨铁不成钢",开始采用打骂的方式来教育子女。这就是父母对子女的家庭暴力。其实没有父母是真想用打骂的方式来虐待自己的孩子,不过是爱之深,责之切。有些父母在教育孩子的手段上逐渐走向了错误的极端,主要是受以下一些因素的影响:

(1)父母在管教孩子时会受到传统教养观念的影响。传统的教养观念对父母仍有着潜移默化的影响,例如"不打不成器""棍棒底下出孝子"等。因为在传统观念中,父母与孩子的关系就是上对下,强调长幼尊卑,并没有尊重孩子、和孩子平等相处的概念。

(2)父母在管教孩子时还会被自己的主观情绪所影响。如果家长的心智不够成熟,那么对孩子而言就是很沉重的压力与包袱。当父母在生活上遇到困难或挫折时,有些父母就容易把怨气发泄到孩子身上。当父母对自己生活或工作的期望无法满足时,就更希望孩子可以完全按照他们的指示来行事。一旦孩子的表现不能令他们满意,那么这类父母多半会经常打骂孩子。

(3)打骂孩子的教育方式往往还是由于父母自己的童年经历导致。由于没有正确的教育方法和教育理念,有些父母就直接套用原来自己父母的

 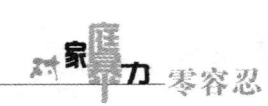

管教模式,只要不顺父母的意,就会受到这样的打骂处罚。

有些父母由于想要寻求管教孩子既快速又省事的方法,即打骂孩子,而当孩子被打骂之后往往由于害怕等因素会最直接地听从父母。因此一些父母就认为打骂是行之有效的方法。虽然打骂在一定程度上有规范孩子行为的作用,然而,经常被打骂的孩子往往会在性格、世界观、价值观上存在较为明显的缺陷。因此,父母在管教孩子时只有掌握了正确的方法,就完全能够避免对孩子的家庭暴力。以下方法可供借鉴:

(1)多了解孩子。父母一定要抽出时间来多了解孩子,与孩子和孩子的老师多沟通,尽量对孩子在幼儿园或学校中的表现有全面了解。这样孩子不听话的时候,也能比较明白应该如何去引导孩子。

(2)学习教育知识,更新教育理念。社会在变化,孩子的成长环境也在变化,那么教养方式自然也要不断进步。身为家长,就要责无旁贷地主动吸收教育新知。在传统的教育方式中,父母用权威来教育孩子,而打骂处罚更是权威教育的重要方法。吸收新知可以帮助家长跳出自己的成长经验,及时调整自己的教育观念。

(3)耐心倾听孩子。在面对不听管教的孩子时,家长应先冷静下来,耐心地问孩子这么做的原因是什么,也许就会发现孩子的行为其实是情有可原的。有些家长总喜欢在孩子面前保持威严,习惯用以上对下的态度来对待孩子。建议家长从内心尊重孩子,不要再用命令的口气跟孩子说话,把孩子当作成人一样给予尊重。如果孩子已是青少年,也可以让孩子自己提出解决方案或替代办法。用一个朋友的身份去倾听他的诉说。

(4)跟孩子讲道理。家长也要在实际的情况中告诉孩子一定的道理。让孩子换位思考,明白自己的行为会如何影响他人。讲道理的方式可依孩子的年龄来选择,特别小的孩子可以用讲故事的方式来引导。

(5)让孩子去体验。如果孩子总是听不进大人的话,那么在保证安全和没有严重后果的前提下,父母可以让孩子自己体会"自食恶果"的滋味。通过自身的切实体验,孩子才能深刻领悟家长教导的正确性和重要性,以后就会听父母的话。

(6)同孩子协商。不要总是要求孩子按照大人的心意去做事,孩子也有他自己想做的事。因此,在决定一些事情时要同孩子协商,各退一步。

(7)在愤怒时不管教孩子。在极度愤怒的状况下,家长肯定无法以理性的方式来管教孩子。所以,当父母情绪激动的时候,建议暂时离开现场,或是转移自己的注意力去做别的事,如和朋友聊天、听音乐等。等自己平静下来以后,再和孩子交谈,这样效果会更好。

(8)修正对孩子的期望。父母望子成龙、望女成凤,常常拿自己都做不到的标准来要求孩子。若孩子做不到,家长的希望越大,失望越大。家长要客观地评价孩子,及时修正对孩子的期望,善于发现孩子的优点,及时表扬和鼓励孩子。

(9)真诚对待孩子。父母都是与孩子沟通时,总是喜欢用指责或命令的语气,这常常让孩子难以接受。父母与孩子的沟通应该是真诚而没有距离的,家长可以很诚恳地将自己的担心或情绪解释给孩子听,让孩子了解他的行为会让父母难过或担心。只要语气平和,态度真诚,孩子是很乐意体贴父母的。

制止家庭暴力的办法

家庭关系中尤其是夫妻关系,处理好第一次家庭暴力事件非常关键。家庭暴力中的施暴者有个"试探"过程,通常是逐步升级,这就是因为发现自己实施家暴以后,受害人并不能把他怎么样,而且自己也不会受到法律惩罚,今后慢慢就变得有恃无恐、变本加厉。受害人第一次遭遇家庭暴力时,将事件予以公开是避免今后家庭暴力升级的好办法。许多家庭暴力受害人在第一次遭遇家庭暴力后,往往出于面子、"家丑不外扬"以及施暴者道歉、保证等多种因素考虑而不对外公开,甚至连自己最亲近的亲友都不让知晓,这为今后家庭暴力的升级埋下很大隐患。生活中,有些家庭暴力受害人在遭遇多年家庭暴力之后,除施暴者以外,自己的亲友才知晓,很是让人遗憾。遭遇家庭暴力要"大声说出来",让周围人知晓,并采取以下措施,是维护自身合法权益的有力保障。受害人的任何行为都不能成为施暴者实施家庭暴力的理由和借口,实施家庭暴力就是侵犯人权的违法、犯罪行为。

(1)重视家庭的第一次暴力事件,不能软弱忍让,要抗争到底,把暴力制止在初始状态,否则家庭暴力会愈演愈烈。

(2)寻求周围亲友的支持,把受侵害事件讲出来,一来可以缓解心理压力,二来可以让周围的亲友给施暴者以劝说,并起到警戒作用。

(3)暂时离开家庭,对事件有很好的缓解作用。可以选择出差、出门访亲友、旅游等,也可以选择回娘家。

（4）施暴者往往存在心理障碍，如果施暴是由于心理原因，应让其寻找心理医生以及求助亲友，设法使其接受治疗。

（5）在紧急情况下拨打"110"报警。现行法律法规明确规定禁止家庭暴力，公安机关接到家庭暴力报警后必须及时出警。情节轻微的，由公安机关对施暴者给予批评教育或者出具告诫书。及时报警可让警察来制止家庭暴力。如家暴造成的伤害很严重，构成轻伤害，就可刑事立案，还可能追究施暴者的刑事责任，使施暴者得到应有的惩罚。此乃用法律保护自己。及时报警还有另一个好处，对今后的离婚提供了对己有利的证据，在分割财产、损害赔偿方面都很有利。

（6）向社区妇女维权预警机构报告。这个机构由预测、预报、预防方面组成。各街道、居委会将通过法律援助站或法律援助点帮助提高预防能力。

（7）拨打"148"热线或者妇联法律援助中心热线。这些法律服务热线的法律援助中心将为求助妇女提供法律援助。

（8）注意收集证据。在受到家庭暴力时，应当注意人证、物证、鉴定结论的收集和保存，以备将来在追究对方责任或者诉讼时获取有利证据。

（9）应该当机立断，该离婚时就离婚，或者是脱离家庭。远离暴力才能真正避免暴力。

（10）向施暴者或受害人所在单位、居民委员会、村民委员会、工会、共产主义青年团、妇女联合会、残疾人联合会等单位投诉、反映或寻求帮助。一旦有家庭暴力发生，切记不要忍气吞声、担心"家丑外扬"，应及时向外求助。这些组织在调解人民内部矛盾中，发挥着积极的作用。

（11）向相关家庭暴力临时庇护场所寻求庇护和临时生活帮助。

（12）向法律援助机构寻求法律援助。

（13）保留证据，向法院申请人身保护令。

（14）受害人为无民事行为能力人或者限制民事行为能力人的，还可以向学校、幼儿园、医疗机构、救助管理机构、福利机构求助。

（15）监护人实施家庭暴力的，受害人近亲属、居民委员会、村民委员会、

县级人民政府民政部门可以申请人民法院撤销其监护人资格,另行指定监护人。

（16）及时就医,一方面是有利于身体健康;另一方面,就医时的病例、片子等都是对方施暴的证据,可用来追究施暴者的法律责任。离婚时,也是对己有利的证据。

（17）若条件允许则尽量分居。另住他处,一来可以证明夫妻感情确已破裂,利于今后离婚获得法院支持;二来还可以避免家庭暴力的受伤害事件。

（18）尽量不要激化矛盾。对于弱者而言,不要一味地放任自己的脾气,这倒不是要处处忍让对方,而是一旦火上浇油,处于不利地位或受到伤害的往往是弱者,退一步,不要有意激化矛盾,尽量避其锋芒,是理智的做法。

（19）不要有过激行为。有些人在长期家庭暴力的压抑下,会做出杀人、杀夫等过激行为。这样会对双方及双方家庭造成极大的伤害。

遭遇家暴如何报警

《中华人民共和国反家庭暴力法》明确了公安部门处理家暴的责任,出警记录、告诫书、伤情鉴定等文书将成为认定家暴事实的重要证据。

(1)第一时间拨打"110"对接听人员言简意赅说明被打情况,并且明确告知自己所受到的强烈威胁和恐惧,这非常必要!很多受害者都会有"家丑不可外扬"的想法,担心自己报警的事情会被他人所知,成为别人口中的谈资,所以往往一忍再忍。反家暴法出台后,公安机关将对家暴报案人的信息负有保密责任,不用再担心有隐私泄露的风险了。遭遇家暴,就要果断报警!

(2)接听派出所警察电话。反家暴法明确了公安部门在面对家暴纠纷求助时的出警责任,报警后警方应对家暴行为进行调查取证,协助受害人就医、鉴定伤情。

(3)与警察进行沟通。冷静陈述所发生的家暴情形,再主动要求出具报警回执,要求给双方做调查笔录,要求做伤情鉴定。

(4)到派出所开报警回执、做笔录、开委托鉴定书。

到派出所做笔录,还是有点费时间的,需要点耐心。记得一定要讲述清楚事发过程,他如何对你进行伤害,要求警察秉公处理。笔录是需要你本人确认签字的,你要先仔细查阅内容,无误后再签字确认。

出具报警回执、进行伤情鉴定,警察会依法办理,无须担心。当然,警察

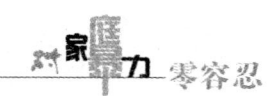

同志适当的规劝也是有的,你要做的,就是坚持自己的要求。

(5)根据鉴定结果对施暴者进行处理。

对于暴力情节较轻,依法不给予治安管理处罚的,警察同志可能会对施暴者进行批评教育或出具告诫书;如果是轻微伤,施暴者可能需要承担10天左右的行政拘留;如果是轻伤,施暴者将面临"故意伤害罪"的刑事责任。

一定要让警察出具告诫书。因为除双方当事人外,派出所还会将告诫书送交施暴人或受害人所在的居委会、村委会,以便日后对当事人进行查访、监督,避免伤害再次发生。

如何申请人身安全保护令

人身安全保护令即人身安全保护裁定,是为保护家庭暴力受害人及其特定亲属的人身安全,防止家庭暴力继续发生,根据申请人申请,由法院核发的具有强制力的裁定。人身安全保护令申请主体是:(1)遭受家庭暴力或受家庭暴力现实威胁的当事人本人。(2)当事人本人是无民事行为能力人、限制民事行为能力人,或者因受到强制、威吓等原因无法申请的,其近亲属、公安机关、妇女联合会、居民委员会、村民委员会、救助管理机构可以代为申请。申请人可以向申请人或者被申请人居住地、家庭暴力发生地的基层人民法院申请人身安全保护令。

申请人身安全保护令必须同时满足3个条件:(1)有明确的被申请人。(2)有具体的请求。(3)有遭受家庭暴力或者面临家庭暴力现实危险的情形。上述的第三个条件,需要有一定的证据能够证明遭受家庭暴力或正在面临家庭暴力的危险。所以在遭受家庭暴力后,受害人要做好证据材料的收集工作,如"110"报警记录,对案发现场及身体伤害部位录影录像,就医病例,心理咨询记录,求助妇联人民调解组织、法律援助机构、村/居民委员会等机构的接待记录,相关证人证言,施暴人承诺书,电话录音、短信、微博、微信、QQ聊天记录等。

人身安全保护令措施包括:禁止被申请人实施家庭暴力;禁止被申请人骚扰、跟踪、接触申请人及其相关近亲属;责令被申请人迁出申请人住所;保

护申请人人身安全的其他措施。

人民法院做出人身安全保护令后,应当送达申请人、被申请人、公安机关以及居民委员会、村民委员会等有关组织。人身安全保护令由人民法院执行,公安机关以及居民委员会、村民委员会等应当协助执行。

人民法院受理人身安全保护令的申请后,一般应当在72小时内做出裁定,情况紧急的,应当在24小时内做出裁定。人身安全保护令的有效期以人民法院做出的裁定所载明的有效期为准,由人民法院根据实际案情确定,自裁定做出之日起生效。该人身安全保护令失效前,人民法院可以根据申请人的申请予以撤销、变更或延长。

证明家庭暴力的证据

遭受家庭暴力后,作为受害者应当尽早地收集和保存相关的证据。在发生家庭暴力的时候,是收集证据的最佳时机。如果时间过长,没有及时保存相关证据,就可能导致证据的灭失,这对于事后的权益保护和救济都会造成不利。在家庭暴力取证的时候如何收集到能被法院认可的有效证据,是赢得家庭暴力诉讼的关键。因此受害方可以注意收集以下证据。这些证据是证明家庭暴力的有效证据,也是经常被法院所认可的证据。

1. 证人证言

发生家庭暴力时有可能会被其他人员目睹到,比如说小区的保安,比如说自己的父母或者是家中的朋友,还有保姆或者是邻居等。如果这些人曾经目睹过家庭暴力的发生,那么可以尽可能早地和他们做一些沟通工作,或者委托律师以调查笔录的方式向证人进行取证。

2. 报警记录

如果家庭暴力发生后,曾经报过警,那么警方那里会有出警记录。通常警方对家庭暴力的处理会有一整套法定的程序。警方通常会在派出所对施暴者和受害人分别进行问话,并做笔录。

3. 伤情鉴定意见

一般情况下,受害人报警后警方会提供伤害鉴定申请,指定受害一方到鉴定机构进行伤情鉴定。如果受害人没有报警,在去医院治疗的同时也可

以要求医院为自己进行伤情鉴定,但这种情况下的伤害鉴定结果的证明效力比较低,施暴方会以是受害方自己造成损害后果作为抗辩理由。因此最好是在报警之后到警方指定的机构进行伤情鉴定。

4.病历记录资料或照片

因遭受家暴前往医院的第一次门诊记录,建议明确说出受伤的时间和地点,受伤的过程及施暴人的名字,与施暴人的关系。遭受家庭暴力的一方在受到伤害时一定要及时去医院就医,并将医院开具的检查报告、病历记录、诊断证明和医药费的收据等相关材料保存好,包括受害人后期的持续性治疗也要保存好,这些都可以作为证据证明家庭暴力行为。此外,还可以拍下受伤部位的照片作为受伤证据证明家庭暴力行为。

5.证明材料

(1)如果受害人曾经向妇联投诉过家庭成员的施暴行为,妇联同志曾经对该事做过处理,并且找对方做过调解工作,那么妇联机构既有原来的工作记录,同时也可以为曾经发生的家庭暴力单独出具书面证明。

(2)如果曾向居民委员会或者是村民委员会反映过这种问题,这些有关机构也可以出具书面证明。

(3)如果受害人曾经向双方的或者是一方的工作单位求助过,那么工作单位的领导也可以代表单位为其出具书面证明,当然也可以采取律师进行调查的方法。

6.视听资料

(1)如果受害人和施暴者之间发生纠纷时曾有过通话录音,那么这个通话录音也可以作为附着的证据,或者是双方在谈到协议离婚、赔偿事项时,对方在谈论当中对施暴行为并不否认的也可以做通话录音。

(2)打砸或是威胁辱骂的录音、录像、短信、微信、QQ聊天记录等,可证明家庭暴力的发生或者面临家庭暴力的现实危险。被对方殴打后如果拍摄过相关照片或者说有视频录像资料也可以作为家庭暴力的证据。

7.悔过书、保证书、承诺书

在发生家庭暴力之后,如果对方曾写过忏悔书、保证书、承诺书等这样的文书,保证以后绝不再发生暴力行为的这些书面材料也可以作为家庭暴力的证据。

8.警方出具的告诫书

公安机关按照规范程序进行调查取证,对施暴者发出书面形式的告诫书,有利于及时固定家庭暴力的证据。

9.申请人与被申请人的身份信息

包括身份证、户籍卡或者调取的公民信息。结婚证、户籍本等材料以证明存在婚姻关系、亲子关系、亲属关系、同居关系、抚养照料关系、家庭雇佣关系等。

家庭暴力受害人要学会主宰自己的命运

20世纪60年代,"习得无助"成为心理学一个重要的概念。生活中,许多人对自己的处境绝望无助,认为无法改变。其实,有些时候只要自己努力就可以从根本上改变自身处境。长期陷于家庭暴力的受害人难以走出家暴困境,其中一个重要因素就是"习得无助"的心理,对于自己多次努力无望后产生绝望而放弃努力。

家庭暴力受害人应努力获得经济上的独立,这是摆脱家庭暴力的重要经济基础;受害人需要主动寻求亲友的帮助,向妇联、社区居委会(村委会)求助;具备条件的可寻求专业帮助,即寻求专业婚姻家庭(心理)咨询,可以让自己明白处于困境的原因,并可以帮助自己更快地走出家暴困境。

家庭暴力受害人长期处于家暴困境的重要原因就是受害人意图在自己不作出改变的情况下,试图让施暴人做出改变,期望施暴人不再施暴,其实这是很难做到的。家庭暴力受害人若不做出自我改变,还是固守过去的观念与做法,那么极有可能依旧让自己陷在家庭暴力的环境里难以自拔,甚至遭受到更大的伤害。因此,家庭暴力受害人要学会主宰自己的命运,面对家庭暴力一定要学会保护自己,使自己不会受到二次伤害。

有效劝告家庭暴力施暴人

由于施暴人周期性实施家暴,受害人出于对施暴人的恐惧在表面上不得不顺从,但其内心里却痛恨施暴人,甚至想采取极端的行为。据对某女子监狱的一项调查发现,在被调查 101 例杀人案中,杀夫案有 64 起,占 63.36%,其中,曾遭受丈夫暴力的 29 宗,占杀夫案的 45.31%。这些数据表明,长期遭受家暴的受害妇女在无法容忍时有可能以暴制暴,导致极端悲剧发生。受害人害怕挨打,在决心离开,不得不面对的时候,受害人会变得听话,施暴人会因此获得满足,得意于没有受到过法律惩处。可是施暴人应扪心自问:敢不敢反复殴打你的领导、你的朋友、你的邻居或者陌生人?肯定不敢,因为法律会惩罚。施暴人殴打受害人虽未遭受法律惩罚,但是却无法逃脱必然的结果:受害人因为恐惧而慢慢疏远施暴人,孩子内心里也会痛恨他。孩子长大了会保护他/她的母亲,甚至公开或私下里鼓励母亲与父亲离婚。

受害人因为无法忍受暴力而选择离婚,施暴人多次保证不再施暴,却多次让受害人失望以至彻底心死。亲人之间本该最美好、最温情的关系被暴力砸碎,可是施暴人却选择淡化自己的暴力,使得受害人无法对施暴人重建信任。因此,如果想要挽回受害人的心,必须承认自己的暴力对受害人的伤害,诚恳道歉并承诺改正,并通过自己的行为重新获得受害人的信任,必须让受害人切身感受到暴力倾向趋于消失。夫妻间要学会非暴力沟通方式。

沟通是在相互尊重的基础上,各自表达自己的感受和观点,避免指责、抱怨、讥讽、挖苦对方,必要时寻求专业心理咨询以提升沟通能力。在发生家暴时,各方人员要劝告施暴人做出明智的决定,只有这样才能拥有一个温暖的家。

DUI JIATING BAOLI LINGRONGREN

第五章
用法律武器保护自己

遭遇家暴后,受害者绝不能忍让和纵容,一定要学会用法律武器保护自己。我国反家庭暴力法创设了许多新的法律制度,为预防制止家庭暴力提供了依据。我国反家庭暴力法等法律会告诉你如何维权。

世界各国和我国台湾地区反家庭暴力的立法及司法制度

家庭暴力是全球性的问题。20世纪70年代以来,家庭暴力问题日益受到国际社会关注。1979年,联合国《消除对妇女一切形式歧视公约》中,第一次以国际公约的形式明确了保障妇女在家庭关系、工作、教育等领域享受平等地位的权利。该条约要求,缔约国必须采取法律措施禁止妇女权利受侵害。1985年在肯尼亚内罗毕召开的第三次世界妇女大会上制定的《到2000年提高妇女地位内罗毕前瞻性战略》要求:"各国政府还应着手提高针对妇女暴行的认识,将其视为社会问题,制定政策和法律措施来查明其原因并防止和消除这类暴行……"1993年6月,在奥地利维也纳召开的世界人权会议上,强调了为消除妇女在社会和个人生活中遭受暴力所做的工作的重要性。大会任命了对妇女暴力问题的一个特殊联合国起草委员会。它每年要向联合国人权委员会提供报告,说明如何消除对妇女暴力的现象的起因及后果。1993年12月,联合国大会采纳了《消除妇女暴力的宣言》。宣言第一次明确提出什么是对妇女的暴力,并号召各国政论及国际社会采取特别措施,防治暴力的发生。北京第四次世界妇女大会的主要成果《行动纲领》对妇女暴力问题进行了几乎长达10页的论述,向各国政府及国际社会明确提出了消除对妇女暴力的行动措施,主要包括:谴责对妇女的暴力行为;不对妇女施加暴力行为,尽力预防、调查及根据国家法律惩罚对妇女的暴力行为;审议、颁布、执行有关与妇女暴力有关的法律;把男女不平等和对妇女暴力问题纳入学校教育研究并广泛宣传对妇女暴力的原因、性质、影响以及采取的预防和补救措施。1996年联合国经济及社会理事会人权委员会通过《家庭暴力示范立法框架》,概述了家庭暴力全面立法的重要元素,进一步为家庭暴力立法提供了指导。《家庭暴力示范立法框架》认为应当"建立专门的法律来禁止在家庭和其他人际关系中对妇女施加暴力,保护此类暴力中的受害者,并阻止暴力的进一步发展"。

家庭暴力被世界各国公认为是一种对人权的侵犯,是应当受到法律惩罚的犯罪行为。截至2015年,全球已经有至少124个国家将家庭暴力认定为刑事犯罪,并配备有预防家暴、服务受害者、矫正和处罚责任者的配套措施。有一百二十多个国家制定颁布反家庭暴力的相关法律,其中有八十多个国家对家庭暴力进行专门立法,或者以反家暴法命名法规。其中,除美国、南非、秘鲁、马来西亚等少数国家在20世纪90年代成为防治家庭暴力立法的先行者外,其余国家都是在当前近10年内完成了立法或立法草案。在亚洲,除西亚一些国家外,东亚、南亚、东南亚、中亚和北亚地区的国家大都设有专门的反家庭暴力法。

一、英国

近二十多年来,英国出台了一系列涉及家庭暴力的法律,如1976年家庭暴力和婚姻诉讼法、1978年家庭暴力与治安法院法、1994年刑事和公共秩序法、1996年家庭法、1998年人权法等。如家庭法的第四部分明确规定在发生家庭暴力的情况下受害人可向法院申请两种判令:一是禁止骚扰令,即勒令施暴人停止攻击或威胁受害人,从而防止配偶一方对另一方或他们的子女使用暴力或暴力威胁,或恐吓、骚扰、纠缠另一方;二是居住令,又称驱逐令,指将施暴人逐出家庭并允许受害人在家居住的命令。为确保这两个命令的有效实施,法律规定法院可赋予该命令以逮捕的权力。英国的刑事司法制度在预防和反对家庭暴力方面起着重要作用。在英格兰,43支警察队伍全部都制定了关于家庭暴力的政策,有的还成立了专门的反家庭暴力小组,或

者设置反家庭暴力的联络官员。

实践中,英国有关机构、组织在家庭暴力的预防、援助、救治等方面做了许多工作。

(一)零忍耐运动

1992年,英国零忍耐福利基金会与大众媒介一起组织发起了首次零忍耐运动,其口号是"任何形式的暴力都是犯罪、妇女不应忍受任何暴力、社会不能容忍暴力、男人没有权力施暴、每个人都不应遭受暴力"。零忍耐运动不仅针对社会公众,而且介入国家和地方的决策性活动中,呼吁制定内容广泛的、整体的、全国性的反对男人暴力的战略,并在大选前和选举新的国家议会前在全苏格兰组织公开会议,以保证政治家们就制定反对对妇女暴力的政策做出承诺,从而使零忍耐运动在各地和中央获得了极大的支持,引起了广泛的关注。

(二)英国妇女救助联合会的社会救济服务

英国妇女救助联合会作为英国全国性的致力于消除家庭暴力、支持和帮助受害妇女的福利组织,在妇女社会救济工作中扮演着重要角色,为反家庭暴力起到了突出的组织、推动和协调作用。现在该组织拥有250家庇护所,为在家中遭受暴力的妇女提供安全的食宿、实际的和精神的支持以及法律和福利权益上的帮助,并开展妇女援助全国帮助热线业务。

(三)多机构合作的反家庭暴力的运作机制

英国创建了多机构合作、团结一致反对家庭暴力的运作机制。其经验在于:(1)突破了家庭暴力是家内事务和私生活,国家机构和社会公力不应介入的传统认识。(2)要求所有与家庭暴力救治相关联的机构都必须重视家庭暴力问题。这些机构包括警察局、法院、住房部门、社会服务部门、社区法律服务部门、医疗单位、检察机关、律师所、妇女援助机构、议员及自愿性团体等。(3)强调所有相关机构必须团结协作,形成反家庭暴力的合力,遇到任何类型的家庭暴力事件都要在工作上配合一致。(4)减少受害人求助成本,提供最有效的援助方法,改变以往受害人四处投诉、求助无门、相关机构推诿不管的现象;要求任何一个机构都是一个工作接触点,一旦接到受害人的求助,即应以积极负责的态度开展工作,并主动与其他相关机构建立联系,取得工作的配合一致,从而不需要当事人再费尽周折逐一求助。(5)强化机构工作的职能性介入意识,对发现或接触到的家庭暴力事件,即使受害人尚未求助,也可进行相应的工作。

二、美国

(一)美国针对妇女家庭暴力的立法及司法制度

1994年,美国国会批准了《针对妇女的暴力法案》,是美国针对家庭暴力犯罪最重要的联邦法律。这一法案将基于性别的暴力视为对公民权利的侵犯,主要是刑事的处分。《针对妇女的暴力法案》不仅关注妇女权益,也把儿童遭受家庭暴力伤害纳入法律保护范围。针对儿童的暴力,特别是对未成年女孩子的暴力一直以来都是《针对妇女的暴力法案》中的重要组成部分。国会要求针对那些经历过家庭暴力、约会暴力、性攻击的青少年,要给他们提供相关的咨询服务、律师辩护、心理健康服务,还呼吁政府要改善并实施相关政策、法规和程序来减少和消除针对儿童的暴力,还涉及下降家暴致死的发生率,住房和经济方面的援助,对警察和医疗、庇护人员筛检和识别暴力的培训等项目。美国大多数州也都制定了针对家庭暴力的法律,例如马萨诸塞州1978年就通过家庭暴力立法,鼓励州政府或地方政府创新形式处理案件,提高负责州法律实施的执法人员、司法人员和部门职业人员的意识。1995年美国成立反对针对妇女暴力办公室。反对针对妇女暴力办公室在联邦层面是设在司法部,在各州的形式是不一样的,有些州是设立在政府福利机构,也有些州是在州长办公室设立反对针对妇女暴力工作小组。反对针对妇女暴力办公室负责《针对妇女暴力法案》的执行和资金的分配,不仅负责为地方政府和非官方机构提供指导和资金支持,同时也负责研究反对针对妇女家庭暴力的政策。

美国在处理家庭暴力案件中,一个有效的方法就是家庭暴力受害人可以向法官申请人身保护令,禁止施暴者靠近处于危险中的妇女及子女。通过申请人身保护令程序,受到家庭暴力侵害的妇女可以得到保护。人身保

护令分为紧急保护令、临时保护令、长期保护令和永久保护令。紧急保护令可以在法院标准的工作时间以外签发,签发后的第二天家暴受害人必须到法院让法官将其改为有效期为14天的临时保护令。长期保护令有效期为一年,一年结束后受害方还可以决定是否再延长一年或变成永久性保护令。永久保护令可以随时间修改,例如如果孩子达到适当的年龄,可以允许施暴者探视孩子。保护令的内容既可是责令施暴者停止家暴行为、一定的有效期内搬离受害人住处、不得靠近申请人、不得与申请人有任何联络、与受害人及其子女保持一定距离、交出持枪证和武器,也可是责令施暴者支付受害人及其子女的日常生活费和医疗费。保护令由警方负责执行。人身保护令有效避免了造成暴力的严重后果,降低了妇女受到严重家庭暴力的可能性。为了保证保护令的有效性,大部分州都颁布了法律,明确规定施暴人违反保护令可以被逮捕,并规定违反保护令的行为是犯罪。虽然各个州的法律对违反保护令后如何定性以及应当如何惩罚的规定是不同的,但是违反保护令的行为都可能会获得拘禁或其他严重的惩罚。

对于处理家庭暴力案件,法院一般采取刑事程序和民事程序双轨制。如果警方有证据证明施暴行为,就进入刑事司法程序,由警方和检察官决定何时起诉被告人。民事部分,受害人可以自己要求法官签发保护令。法院受理保护令案件不向申请人收取费用。保护令案件是谁提起案件谁负责举证。受害人申请签发临时保护令,需要的证据很少。如果对被害人的安全和福祉是一种威胁,不需要造成伤害,受害人只要能够说服法官要发生家庭暴力就可以当天签发。长期保护令要求的证据则很严格。施暴者除了违反民事保护令可能被起诉外,还可能因为其施暴行为而直接受到逮捕和起诉。一些州以一般的伤害罪来起诉施暴者;有些州发布独立的法条规定与家庭暴力有关的犯罪和刑罚;还有的州颁布独立的法律把家庭暴力专门作为一种新罪来界定;有些州还采取了强制性起诉的政策,检察官必须向法院控诉,有无自由裁量权来决定是否对家庭暴力行为提起公诉。即使受害妇女要求撤诉,并且拒绝支持公诉行为,检察官仍然必须继续这个案件的诉讼过程。除了法律方面的对策,美国对受害人的援助和服务也是多元化的。例如,对家庭暴力受害人与儿童提供庇护服务,提供食物和临时住宿,提供法律援助、医疗服务、心理治疗、安全住房措施和经济方面的援助等。这些服务还包括受害人子女的抚养、安置、创伤恢复等。

(二)美国针对儿童家庭暴力的立法及司法制度

美国民事儿童保护立法是1974年通过,后经多次审查和修改的《儿童虐待预防与处理法案》。该法资助有关儿童虐待预防、儿童伤害鉴定与处理的项目,也会向州的一些项目提供资金。在该法基础上,美国形成了一整套包括虐待与忽视的认定、强制报告制度、调查评估、紧急救助措施和临时安置、司法程序介入和最终安置在内的系统处理和安置受暴儿童的制度。在美国各个州,基本上也都规定了防治儿童虐待与忽视的法案。美国政府设有专门的儿童保护部门。美国联邦政府在1912年建立了联邦儿童保护局。1967年,大部分州有了儿童保护的法律,1974年联邦政府通过《儿童虐待预防与处理法案》。大多数的儿童保护部门主要依靠联邦政府和州政府资助,也有很多儿童保护部门很大一部分资金来源于地方政府。儿童保护部门负责处理儿童受到家庭暴力伤害的案件,全程参与案件处理的各个阶段。

美国开设了接听儿童遭受家庭暴力投诉的热线电话,由儿童保护部门的专门接线人员负责接听投诉热线。除了投诉热线外,美国在20世纪60年代就规定了举报儿童虐待和忽视的法律。美国所有的州都制定了儿童虐待举报法,要求为儿童提供服务的相关工作人员发现儿童可能遭受虐待时,要及时向儿童保护部门报告。这些相关工作人员通常包括:社会工作者、教师和其他学校职工、医师和其他医疗工作者、精神健康专业人员、儿童看护人员、体检医生或法医、执法人员。有大约18个州还规定任何怀疑存在儿童虐待或忽视的人都有义务报告。强制报告人必须报告的条件在各州都不一样,通常来说如果报告人在从业过程中怀疑或有理由相信儿童被虐待或忽视,则必须报告。另外一个常用标准是报告人了解到或观察到儿童处于很可能受到伤害的情形。报告人一般都是直接向儿童保护部门报告,但同时将报告抄送所在医院或单位。通常情况下报告人在报告时要提供姓名或被要求提供姓名。如果具有强制报告义务的人员不报告,将会承担赔偿等民

事责任,还可能会被吊销从业资格。在大部分州法律中,如果没有履行强制报告义务是有刑事责任的,将承担短期一般低于一年监禁的刑事责任。

在儿童面临生命危险、严重的身体伤害、暴力威胁等紧急情况下,儿童保护部门可以不经过父母同意,直接将儿童带离家庭,也可以寻求警察的帮助或征得法院同意签署"单方紧急监护命令"。因为要考虑到儿童在家庭中生活并与父母在一起才符合其最大利益,因此美国对于家庭内发生的儿童虐待案件常常需要权衡,看将儿童带离家庭是否有必要,避免儿童被不当带离。儿童在紧急情况下被带离家庭后,儿童保护部门会及时通知法院,法院将开展"临时监护听证"。儿童及其父母以及其他相关人员都能够发表看法。法院在听证后决定儿童是继续留在家庭还是进行临时安置。经过听证,如果法院认为儿童可以回到家庭,由儿童福利局提供服务并且定期走访跟踪,保证儿童处于安全状态。如果认为儿童不适宜留在家庭中,州政府将获得对儿童的临时监护资格,对儿童进行临时安置。儿童一般将被安置在寄养家庭中,只有非常特殊的情况下,才可能被临时安置在集体寄养机构等庇护场所。社工如果认为儿童在家庭中受到伤害的可能性小,将儿童继续安置在家庭中,终结案件。在认为需要通过法院裁决为家庭提供服务以及儿童继续留在家庭中危险程度高的情况下,社工将向法院提起虐待疏忽的诉讼,以决定对儿童的最终安置。法院根据案件的情况,从儿童利益最大化出发,一般会有3种裁决,以解决对其的最终安置:一是儿童继续留在家庭中,不应对家庭进行干预;二是为父母提供服务,要求其参加治疗,保留父母的监护人资格;三是终止父母的监护人资格,国家取得儿童的监护权,通过安置在有能力的亲属家庭,或者以寄养以及收养等形式,对儿童予以最终安置。对于实施严重暴力行为的父母,除了民事方面要承担被终止监护资格的责任外,如果达到犯罪的程度,还要面临检察机关指控构成刑事犯罪的追究。

三、加拿大

加拿大的许多省份都颁布了《家庭暴力法》和《紧急状况下保护令》。如果妇女受到暴力威胁，随时可以打电话向警察求救。在没有当事人允许的情况下，警察可以破门而入并把丈夫带走，限定其一段时间内不许回家，以免其继续虐待妻子，直到警方认为解除暴力威胁为止。在家庭财产方面，法院允许受到虐待的妇女继续使用现住房。如果丈夫的暴力行为严重，很可能被判入狱。在审判过程中，妻子只是作为证人参加，无须提供任何证据。

1981年以来政府开始给警察和法官提供指导性文件，以培养他们的意识，鼓励警方干预家庭暴力问题。许多省份甚至做出硬性规定，必须对家庭暴力案件做出反应，并要求警官无论是否得到受害者的合作，都要对家庭暴力案件进行调查，提交报告，必要时还要做出指控。在这个过程中，警方也逐渐认识到让受害者自己提供证据是很困难的，因而更加积极地投入到家庭暴力案件之中。

加拿大防止家庭暴力时强调以预防为主。作为对家庭暴力的预防手段之一，将对家庭暴力的意识训练纳入医科院校课程中。与此同时，法律规定医生、教师、社会工作者、精神病专家等都有对家庭虐待现象进行报告的义务。这一问题被成功地纳入社区保健系统并形成一个行之有效的监测网络。在一个社区内，医生、护士、精神病专家、社会工作者和教师等专业人员都必须接受提高家庭暴力意识的训练。他们在行使正常职责的过程中，如果发现家庭暴力情形都有义务向警方报告。为了防止在家庭暴力环境中长大的少年儿童对暴力行为的模仿，各社区的学校安排有关课程，使孩子们意识到这种行为是错误的。

加拿大家庭法庭都设有调解机构。对于大部分遭受家庭暴力的妇女来说，她们并不想离婚，也不想让丈夫入狱，只是想在家庭生活中结束暴力。在这种情况下，调解程序便发挥着重要作用，工作人员往往从法律的角度让施暴者了解继续实施暴力的后果，分析暴力导致离婚的可能性以及离婚后所承担的责任等，以此警示那些有可能实施暴力者必须对这种行为负什么样的责任。

为了对受害妇女提供精神和生活方面的支持，加拿大政府通过在社区设立避难所的方式给急于摆脱暴力环境的妇女提供紧急援助，直到她们找

到安全住所为止。这些机构一般由国家出资,提供短期或中期的膳食和住宿,同时提供法律和心理方面的咨询。在可能的情况下也给有暴力倾向的男人提供心理咨询服务。这些机构戒备森严,始终置于警方的保护之下,施暴者无法接近,受害者的心理和人身安全得到了保障。

四、澳大利亚

澳大利亚属于普通法国家,上级法院的判例对下级法院有约束力,在相同情况下应当做出相同的判决。判例构成了澳大利亚反家暴法律框架中的重要组成部分。除了判例外,制定法是澳大利亚反家暴法律框架中另一个重要组成部分,且制定法可以推翻判例。根据澳大利亚宪法,关于人权事务的立法权归属于州政府,所以,反家暴方面法律由各州制定。新南威尔士州(以下简称新州)、维多利亚州(以下简称维州)等6个州及2个领地分别制定了《家庭暴力保护法》《阻止跟踪法案》等专门的反家暴法律,并将民事保护与刑事惩戒紧密结合。此外,新州、维州政府还制定了《家庭暴力行动计划》《预防对妇女儿童施暴的行动计划(2012—2015)》等反家暴的政策文件。

澳大利亚无论是联邦立法还是各州立法都对家庭暴力设置了专门章节予以规定,民刑结合,为受害人提供全面的法律救济。澳大利亚大多数州都制定有专门的反家暴法律,其中维多利亚州的反家庭暴力法于2008年颁布实施。它围绕干预令制度为家庭暴力受害人设计了一套严密的司法保护和行政保护体系。法院"家暴干预令"制度是维州反家暴法的核心内容。按照规定,法院可以依据警察、家暴受害人或其近亲属等利害关系人的申请,向施暴人颁发"家暴干预令",禁止其继续施暴,保护受害人、儿童及利害关系人的合法权益。"家暴干预令"的内容一般可包括以下方面:禁止施暴人再次施暴,禁止破坏财物,将施暴人驱逐出住所,禁止施暴人擅自以电话、信件或邮件等方式联系受害人,禁止接近受害人及其住所,施暴人不得教唆他人进行以上行为,吊销或暂停施暴人武器使用许可,保护儿童权益,等。涉及儿童保护的"家暴干预令"期限不得超过12个月,其他类型的干预令期限由法院根据案情决定。干预令做出后,申请人可以提出变更、撤销或延长期限的申请,法院开庭审理后做出相应判决。对于违反干预令的行为,法律规定将按照刑法给予制裁。为了鼓励施暴者改变暴力行为,提高责任意识和法律意识,法院还可以主动向施暴人颁发"咨询令",要求施暴人到指定的机构接受一定期限的心理咨询、行为治疗和学习培训,以彻底改变暴力行为模式,预防家暴行为再次发生。此外,为保护家暴受害人,维州反家暴法还设立了一项关于警察的"家暴安全通知"制度,赋予警察制止家庭暴力、为受害人提供24小时保护的职责。依据该法律,警察不仅有权立刻制止家庭暴力,而且可以对施暴人做出行为"指引":要求施暴人在6~10个小时内待在住处或警察指定的场所,不得擅自离开,或接受警察或警察指定公民的"陪伴"。而在非工作时间,警察在接到家庭暴力报警后,可以根据受害人的申请签发"家暴安全通知",对施暴人行为做出更长时间的"指引",保护家暴受害人和儿童的人身、财产安全。该通知的效力一直延续到法院审理该家暴案件,并拒绝或同意颁发干预令之时。施暴者违反该通知将会受到罚款或最高2年有期徒刑的法律制裁。

当家庭暴力发生时,受害人或邻居报警后,警察应迅速赶到现场,讯问当事人及其他知情者,并记录在案,制作《家庭突发事件报告》,以备日后进入法庭时作为证据使用。警察有权对家庭暴力实施行为人进行拘留,强制其离开施暴现场。另外,警察还负有安慰受害人的义务,有对受害人获得司法救济提供各种指导和帮助的义务,如告知受害人应及时找医生查看伤情并将医生的报告留作日后证据,告知受害人有权自行到法院申请禁止令,告知受害人可为其提供临时居住、医疗帮助、法律援助、心理帮助的各类援助机构及其联系方式等。如果家庭暴力事件牵涉到儿童,警察应当将孩子送往家庭或青少年服务机构,使孩子能够远离家庭暴力,直至其父母被证明有合格的监护能力为止。

澳大利亚的禁止令针对程度不同的家庭暴力行为通常有短期和长期两种。短期禁止令主要针对紧急情况下的家庭暴力行为。当短期禁止令期满时,如有必要,受害人可以再向法院申请长期禁止令。另外,如果暴力行为严重到触犯刑法的话,禁止令并不妨碍对施暴者提起刑事诉讼,并且禁止令

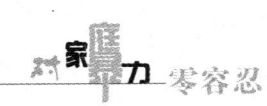

生效期间,一旦施暴者有违反禁止令要求的行为发生,警察有权随时逮捕施暴者。施暴者违反禁止令也是一种犯罪行为,有可能被判处罚金或有期徒刑。可见,禁止令具有极强的法律约束力,对于当场阻止家庭暴力行为以及日后可能持续发生的家庭暴力行为都是十分有效的。一般来说,当发生家庭暴力事件时,警察通常会拘留施暴人并带往看守所,待法庭签发禁止令后再将其释放。施暴人在禁止令规定期间内不得再接近受害人,如有违反,将随时有被逮捕并受到刑事制裁的可能。

根据澳大利亚法律,家庭暴力的受害人有权提起民事诉讼,就其受到的人身、财产以及精神损失要求赔偿,也可依据刑事方面的法律从刑事诉讼途径要求经济方面的赔偿,赔偿范围包括医药费、律师费、收入损失以及精神损害赔偿等。

澳洲政府及社会各类组织,如教会、各种基金会、民间团体等,在司法救济之外,也建立了一系列其他救助机构,以帮助受害人克服困难,重新开始生活。这类机构有妇女避难所、家庭暴力救济中心、受害人帮助中心、社区健康中心等,为家庭暴力受害人提供免费的短期住所、法律咨询与援助、医疗帮助、心理咨询等。社会工作者则会帮助受害人申请救济金,提供就业培训与指导。

五、德国

德国在2001年1月就已经正式颁布实施了暴力保护法,其中包括禁止施暴者进入受害者的房子,禁止施暴者出现在受害人经常出入的地方,禁止施暴者和受害人联系,如打电话、发邮件等。遇到家庭暴力,受害者可以直接报警,紧急情况下警察可以将施暴者驱逐出房屋,一旦下达了驱逐令,施暴者必须立即交出手里的钥匙,只能带上第二天急需的个人物品离开房屋,在10~20天的时间里不能靠近受害者。德国的《防止暴力法案》设立了一项重要原则——"谁施暴,谁离开",即施以家暴的一方会被赶出家门,并被禁止靠近、纠缠受害者。警察如果认定存在家暴行为,会立即将施暴一方驱逐,同时没收其钥匙,禁止其再返回住所。拒不离开的会被警方拘留。警方禁令最长14天。如果受害者担心禁令到期后仍有危险,可向法院提交足够证据,申请更长时间的保护令。保护令包括禁止施暴者回家,禁止在其他场所或通过电话、邮件等方式接触、纠缠受害者等。如果违反保护令,施暴者将面临一年以下监禁或罚款。在德国,除警方、法院外,还有很多遍布全国的社会机构能向家暴受害者提供帮助,其中包括家暴干预中心、妇女之家等专业救助机构。家暴干预中心可以向受害者第一时间提供免费的心理和法律咨询。受害者可自行联系干预中心。如果报警,警方在征得受害者同意后,也会将受害者信息转告家暴干预中心,以便后者提供更多专业的帮助。

全德国近400座妇女之家为遭受家暴的女性提供免费临时庇护。妇女之家24小时开放,地点保密,不许男性入内。受害者在其中也能接受医疗救治、心理干预、法律咨询等帮助。此外,一些社会组织和慈善机构还设立了康复援助中心,帮助施暴者控制自身情绪,防止家暴再次发生。

六、法国

法国对家庭暴力的防治是通过单项立法和《民法典》《刑法典》《民事诉讼法典》《刑事诉讼法典》等多部法律综合防治的模式实现的。单独专项立法保护受侵害人尤其是妇女远离家庭暴力,并通过警察系统进行救助,这是法国家庭暴力立法的主要内容。例如,2010年2月25日,法国国民议会通过了一项有关预防家庭暴力的法案。该法案规定两项具体措施保护妇女远离家庭暴力。一是赋予法官使用"保护裁定"的权力。当遭遇肢体暴力、强迫婚姻或性暴力的妇女向司法机构求助时,法官可裁定强制隔离受害者及其丈夫(或男伴),为受害者提供临时住所,就孩子的临时抚养权进行裁定,甚至可为受害者安排照料子女等。保护裁定期限为4个月,如受害妇女在此期间决定离婚(或永久分手),则可以视情况延长保护裁定期限。二是法官可以根据案件具体情况,强制施暴者佩戴"电手镯",而受害者则佩戴一个感应器。这套设备通过GPS定位系统接受控制中心的监控,当施暴者实施暴力或过于接近受害者时,受害者身上的感应器便可发出报警求救信号。

法国也没有规定单独的家庭暴力罪,家暴行为如果涉嫌犯罪,按照《刑

法典》中暴力罪的加重情节进行处理。《法国刑法典》第二章第一节"伤害人之身体罪"第一目"酷刑及野蛮暴行罪"第二百二十二条第三款规定,(酷刑或野蛮暴行)针对合法直系尊亲或非尊亲,或者针对父母或养父母的,处20年有期徒刑。当合法直系尊亲、非婚尊亲、收养尊亲或其他对未成年人拥有权力的人针对未成年人实施酷刑或野蛮暴行时,所受刑罚加至30年。目前,法国保护家庭暴力被害人的措施主要有以下几个方面:一是手机警报制度。法国国民议会于2010年8月4日通过的一项预防家庭暴力法案中规定了这项制度。手机警报制度的适用条件是:第一,法官根据案件情况裁定在一定期间内施暴人与被害人不能生活在一起;第二,被害人必须接受使用手机带来的不便,如给手机充电、随身携带手机等;第三,领取手机的被害人必须定期报告自己的情况及电话是否通讯正常等。这种手机带有定位功能,手机持有人能通过手机联系特定的电话平台。该平台的接线员通过对话来评估被害人所面临的危险。如果接线员认为报警人有危险,就会立即通知警方前往并保护家暴被害人。二是人身安全保护令制度。自2010年起,法国开始实行人身安全保护令制度。所有被害人都可以向法院提出书面申请,要求法院启动紧急程序裁定人身安全保护令。法官会根据报警记录和备案记录进行审查判断。必要时,法官可传唤被告人和被害人进行听证。三是儿童陪伴保护制度。为了防止家暴案件中的儿童被继续施暴,法国国民议会于2010年7月通过的一项法案中规定了"儿童陪伴保护制度",该制度于2012年正式施行。对于每个3~16岁的儿童受害人,家事法院的法官都有权根据案件具体情况裁定是否适用"儿童陪伴保护措施"。儿童受害人在接受施暴父亲(母亲)的探望时,由专门的管理委员会派出护送人员把儿童从共同居住的监护人处带走并送至施暴的父亲(母亲)处接受探望。法国成立了妇女与家庭权利信息中心,为妇女提供免费的法律咨询服务,并在相对贫困的地区进行妇女权利与法律知识宣传。这一中心的目标是在法国的每个省都成立一个分支机构。巴黎成立了专门的家庭儿童社会事务服务机构。巴黎市政府还成立了女性观察站、女性庇护所,致力于从基层解决针对女性的暴力问题,如与警方、社会团体和民选代表开展合作等。

七、挪威

从 20 世纪 80 年代开始,挪威确立了无条件司法干预原则。1988 年的刑事诉讼法修正案规定,对配偶、儿童或其他亲密关系者的暴力侵害案件实行"无条件司法干预"的公诉原则。即便受暴妇女撤销了先前的指控,警察和公诉机关在没有被害人同意的情况下,也可以向施暴者提起诉讼。1994 年的刑事诉讼法的修正案规定:允许被害人接触案件相关材料,知晓案件更多信息;被害人会被告知起诉书是否已被公诉机关提交给法院,以及起诉书的具体内容;被害人在法庭举证时,法庭有权命令被告人暂时离开;在证人不满 14 周岁的性犯罪中,无论轻罪还是重罪,如果法官认为有利于保护儿童利益或者基于其他原因,可以根据刑事诉讼法,在开庭期间分别提取证人证言。

在 1994 年修正案基础上,1995 年 1 月 1 日实施的修正案规定:受到暴力的妇女,即使还没有对施暴男性提出刑事指控,仍然可以得到保护。另外,司法警察部与儿童和家庭事务部、保健和社会事务部一起合作开发了受到暴力被证明处于危险境地的妇女可以申请佩戴警报器。这个警报器与妇女住所最近的警察局相连,以确保警察能够迅速出警。

1983 年,挪威通过"政府行动计划"推动反对对妇女暴力的宣传、社会服务、司法干预等工作。2000 年起启动了政府行动计划,该政府行动计划的目标主要有:(1)提高公众对家庭暴力性质和危害的认识,让全社会关注这一问题,让人们意识到它的紧迫性。让受暴妇女到社会服务机构、危机中心、庇护所寻求帮助,向警察报告变得更为容易。(2)使医疗、保健人员在妇女就诊时,对这个问题有着明确的意识。(3)提高保健机构和社会服务机构人员的专业知识和能力,使他们能够询问到妇女受暴的情况。(4)关注施暴男性的心理矫治问题。该行动计划是一个由不同政府部门参加的多机构合作项目,它由司法警察部牵头负责,儿童家庭事务部、社会事务部、卫生部参加。这几个政府部门的工作方式是:在司法警察部设立一个协调员职位,负责与各机构联络。同时,成立由四个部代表组成的跨部门小组。该小组主

要负责决定项目资金流向,协调反对对妇女的暴力工作,还负责行动计划中各项措施的执行。

八、新西兰

1995年12月新西兰国会通过了全面处理家庭暴力的立法,即《家庭暴力法案》,该法案施行于1996年7月,同时废止了1982年《家庭保护法案》。新西兰1995年《家庭暴力法案》第三条对家庭暴力的含义做出了一个包括身体、性和心理伤害的宽泛解释。有新西兰学者认为,由于"伤害"与"暴力"有争议性的不同内涵,该词语的采用可能会产生一些解释上的困难,而且,更有疑难的解释是"心理伤害"。立法为其提供了一些示例,但没有做出限制性的解释。因此,恐吓、骚扰、损害财产、威胁以及对儿童来说,让儿童目睹伤害,都是潜在的心理伤害。旧法仅适用于缔结婚姻的夫妻,新法拓宽了其适用范围。1995年《家庭暴力法案》第四条对"家庭关系"的新解释涵盖了伴侣、家庭成员、日常共居一室的人及关系密切的人。

九、新加坡

新加坡近年来不断完善立法,政府与民间组织密切配合,积极互动,使反对家庭暴力成为全社会的共识,从而有效遏制家庭暴力的发生。

完善立法从根本上为家庭暴力的受害者提供法律上的支持。1997年,新加坡政府对1961年出台的《妇女宪章》进行修订,将家庭暴力问题首次正式写入宪章,对其定义与处罚规定做了明确而详细的阐述。新加坡还于1995年成立了家庭法庭,允许在特定的情况下发出家庭特别保护令,禁止虐待妻子的丈夫进入家门。

新加坡《妇女宪章》明文规定,凡家庭中对家庭其他成员有蓄意伤害、蓄意或企图使他人产生可能受到伤害的要被罚款或处6个月以下的监禁,或者二者兼施。若第二次或者屡犯,将被处以5000新元以下的罚款或12个月以下的监禁,或者二者兼施。

民间机构与政府相关组织密切配合,将反对家庭暴力及保护妇女权益落到实处。在新加坡,除了官方的妇女组织外,还有妇女组织协会、反对家庭暴力协会及妇女行动与研究协会等诸多民间妇女组织。

十、我国台湾地区

我国台湾《家庭暴力防治法》于1998年6月24日立法通过,成为亚洲第一个有家庭暴力防治法及民法保护令的地区。此后台湾相继通过了实施细则,警察机关、法院、检察机关等办理家庭暴力案件注意事项,未成年子女保护措施等相关法令,包含了司法、警察、社政、教育等相关体系的整体运作系统,从民事、刑事、家事及防治服务等方面全面整治家庭暴力问题。

台湾家庭暴力防治法关于民事保护令构建了司法体系预先介入的机会,在尊重受害人意愿的前提下采取具体措施。其种类分成通常保护令、暂时保护令及紧急保护令。通常保护令是法院经审理程序以中居裁定的行事所核发的保护令。暂时保护令、紧急保护令是指通常保护令申请前或法院审理终结前所发的保护令。紧急保护令是指被害人有受家庭暴力之危险者,检察官、警察机关或直辖县(市)主管机关,得以言词、电信传真或其他科技设备传送之方式声请,并得于夜间或休息日为之。民事保护令的内容包括禁施暴令、禁联络令、命迁出令、禁处分财产令、命远离令、命交出财产令、定监护权行使令、命交出子女令、禁探视子女令、命给付生活费令、子女教育费令和命给付医疗费、财物损害费令、命完成加害人处遇计划令、命给付律师费用令、命其他保护被害人或家人令等一项或者多项。保护令的申请人为被害人、检察官、警察机关或直辖市、县(市)主管机关或被害人为未成年人、身心障碍者,故难以委任代理人的法定代理人及亲戚等。尤其重要的是其规定若发生保护令事件不得进行调解或和解,因为此时申请人通常不具对等谈判条件,应保障被害人的权益。但是,如果法院认定有下列情形之一时,可准许双方当事人进行调解或和解:(1)主持调解或和解的人曾受过家庭暴力防治的培训,且其能确保受害者的安全。(2)准许受害者选定辅助人参与调解或和解。(3)其他主持调解或和解的人认为能确保受害者免受施暴者的胁迫。

台湾家暴法的刑事干预机制加强了刑事追诉的功能：首先，制定了专门的家庭暴力罪和违反保护令罪，特别是加强了民事保护令的执行力，加害人若违反了含某些内容的民事保护令，将构成违反保护令罪，处3年以下有期徒刑、拘役或处以罚金或并处以罚金。这样在强有力的刑事处罚的震慑和支撑下，民事保护令的执行力大大加强。其次，扩大了警察人员的逮捕权限。警察若发现家庭暴力罪或违反保护令罪的现行犯，可以"径行逮捕"。若非现行犯，但警察认为其犯家庭暴力罪嫌疑重大，且有继续侵害成员生命、身体或自由之危险，而符合刑事诉讼法所定之径行拘提要件者，应"径行拘提"，并立即报请检察官签发拘票。再次，扩大了检察官、法官的自由裁量权限。家庭暴力罪或违反保护令罪的被告经检察官或法院讯问后，认为无羁押之必要，而径命具保、责付、限制居住或释放者，应附民事保护令内容的相关限制，如禁施暴令、禁联络令、命远离令等，台湾亦称为刑事保护令。复次，建立有限制的缓刑制度，犯上述两罪被宣告缓刑的，应附民事保护令内容的有关限制，若违反应撤销缓刑。最后，规定医事人员、社工人员、临床心理人员、教育人员、保育人员、警察人员及其他执行家庭暴力防治人员，在执行职务时有向当地主管机关通报家庭暴力罪嫌疑者的义务，若违反义务，处以罚款。

1999年台湾通过《警察机关执行保护令及处理家庭暴力案件办法》作为明确警察反家暴执法的具体规范。警察作为维护社会治安的基础力量，被台湾家暴防治法委以重任，承担着"依法积极介入"的重要角色，并在反家暴工作中取得重大成效。台湾警察处理家庭暴力的权责主要是有申请及执行保护令、协助取得紧急保护令、保护受害者、逮捕施暴者、通报及协助义务等。作为一线反家暴力量，台湾一方面扩大了警察处理家庭暴力事件的权力，另一方面加重了警察的责任，如其怠于执行法律而导致受害者受伤或死亡，则除了负行政责任外，还可能承担过失伤害或过失致人死亡的刑事责任和民事责任。

台湾法务部、司法院通过的《检察机关办理家庭暴力案件注意事项》《法院办理家庭暴力案件应行注意事项》等作为司法部门的执法准则，其职责主要体现在核发和执行民事保护令、拘捕、侦讯或起诉权、释放或缓刑的自由裁量权、定探视方式或禁止探视权、可禁止调解或和解权等方面。台湾家暴防治法规定,家庭暴力防治委员会应拟定、审查及更新减少家庭暴力的公共卫生计划,其内容应包括大众教育,广为利用媒体推广家庭暴力之防治观念。同时社工人员、保育人员、警察人员、医护人员、学校辅导员及行政人员、教师等应接受防治家庭暴力的在职教育。在学校教育方面,则规定各级中小学每学年至少应有2小时以上的家庭暴力防治课程。台湾家庭暴力防治法立足于保护受害者人身安全,坚决反对任何程度的家庭暴力。

我国反家庭暴力的法律体系

有效防治家庭暴力,立法是关键。我国《宪法》第四十九条规定:婚姻、家庭、母亲和儿童受国家的保护。夫妻双方有实行计划生育的义务。父母有抚养教育未成年子女的义务,成年子女有赡养扶助父母的义务。禁止破坏婚姻自由,禁止虐待老人、妇女和儿童。我国《宪法》具有根本性、原则性和指导性,对于婚姻、家庭中出现的暴力做原则性规定,"婚姻、家庭、母亲和儿童受国家的保护",并强调,"禁止破坏婚姻自由,禁止虐待老人、妇女和儿童"。《中华人民共和国妇女权益保障法》第四十六条规定:"禁止对妇女实施家庭暴力。国家采取措施,预防和制止家庭暴力。公安、民政、司法行政等部门以及城乡基层群众性自治组织、社会团体,应当在各自的职责范围内预防和制止家庭暴力,依法为受害妇女提供救助。"第五十八条规定:"违反本法规定,对妇女实施性骚扰或者家庭暴力,构成违反治安管理行为的,受害人可以提请公安机关对违法行为人依法给予行政处罚,也可以依法向人民法院提起民事诉讼。"这个立法是对于宪法的专项落实,但是属于原则性的规定,具体实施需要借助其他部门法的制定、完善和实施,对家庭暴力中的特殊弱势群体保护具有宣示意义。我国《民法通则》第一百零一条规定:"公民、法人享有名誉权,公民的人格尊严受法律保护,禁止用侮辱、诽谤等方式损害公民、法人的名誉。"第一百零四条规定:"婚姻、家庭、老人、母亲和儿童受法律保护。"第一百零五条规定:"妇女享有同男子平等的民事权利。"

在国家基本法律的层面上,2001年4月28日由第九届全国人民代表大会通过的《婚姻法修正案》,第一次对家庭暴力问题做了规定。《婚姻法》第三条第二款明确规定,"禁止家庭暴力"。第三十二条第二款规定,"实施家庭暴力或虐待、遗弃家庭成员,调解无效的,应准予离婚"。第四十三条第一款规定:"实施家庭暴力或虐待家庭成员,受害人有权提出请求,居民委员会、村民委员会以及所在单位应当予以劝阻、调解。"第二款规定:"对正在实施的家庭暴力,受害人有权提出请求,居民委员会、村民委员会应当予以劝阻;公安机关应当予以制止。"第三款规定:"实施家庭暴力或虐待家庭成员,受害人提出请求的,公安机关应当依照治安管理处罚的法律规定予以行政处罚。"第四十五条规定:"实施家庭暴力构成犯罪的,依法追究刑事责任。受害人可依照刑事诉讼法的有关规定,向人民法院自诉,公安机关应当侦查,人民检察院应当依法提起公诉。"第四十六条规定:"因实施家庭暴力而导致离婚的,无过错方有权请求损害赔偿。"《婚姻法》从以下3个方面对家庭暴力的防治做了规定:(1)总则中将"禁止家庭暴力"上升为基本原则。这一原则为今后各地制定反家庭暴力的地方性法规、规定提供了法律依据。(2)在裁判离婚的法定理由中,将配偶一方"实施家庭暴力或虐待、遗弃家庭成员",作为法院对夫妻感情确已破裂、调解无效的离婚案件做出准予离婚的法定理由之一。(3)在救助措施与法律责任一章,规定了对家庭暴力受害人的救助措施与施暴者的民事法律责任。《最高人民法院关于适用〈中华人民共和国婚姻法〉若干问题的解释(一)》第一条明确规定,《婚姻法》中所称的"家庭暴力",是指行为人以殴打、捆绑、残害、强行限制人身自由或者其他手段,给其家庭成员的身体、精神等方面造成一定伤害后果的行为。持续性、经常性的家庭暴力,构成虐待。

  刑事法律是对于法律调整的最后的也是最严厉的救济手段。首先,1997年《刑法》在第二百六十条规定了虐待罪。该条第一款规定:"虐待家庭成员,情节恶劣的,处2年以下有期徒刑、拘役或者管制。"第二款规定:"犯前款罪,致使被害人重伤、死亡的,处2年以上7年以下有期徒刑。"第三款规定:"第一款罪,告诉的才处理。"其次,2015年8月29日表决通过的《刑法修正案(九)》于2015年11月1日实施,在遏制家庭暴力方面,主要体现

在其针对虐待罪所做的两个方面的修改。一是将《刑法》第二百六十条第三款修改为:"第一款罪,告诉的才处理,但被虐待的人没有能力告诉,或者因受到强制、威吓无法告诉的除外。"二是在《刑法》第二百六十条后增加一条,作为第二百六十条之一:"对未成年人、老年人、患病的人、残疾人等负有监护、看护职责的人虐待被监护、看护的人,情节恶劣的,处3年以下有期徒刑或者拘役。有前款行为,同时构成其他犯罪的,依照处罚较重的规定定罪处罚。"这就意味着,幼儿园、学校老师、保姆等负有监护未成年人职责的人,如果出现虐待、折磨、欺负孩子等虐待行为,将受到刑事处罚。幼儿园、学校及主管人员也被纳入刑法调整的主体而将难辞其咎。

行政法中关于对家庭暴力的立法规定。《中华人民共和国治安管理处罚法》第四十五条规定:"有下列行为之一的,处5日以下拘留或警告:(一)虐待家庭成员,被虐待人要求处理的。(二)遗弃没有独立生活能力的被抚养人的。"该规定主要是对于介于民事和刑事之间家暴行为的处理,对于尚不构成犯罪的,采取较为严厉但又及时有效的处罚措施,也是在治理家庭暴力中较为常用的治理手段。

在《反家庭暴力法》通过之前,我国反家庭暴力规定更多分散在《婚姻法》《妇女权益保障法》《未成年人保护法》《老年人权益保障法》《民法通则》《治安管理处罚法》《刑法》等部门法当中。此外,我国已有内蒙古、湖南、青海、重庆等20个省、自治区、直辖市颁布了省一级的关于预防和制止家庭暴力的地方性法规,90余个地市制定了相关政策文件。

我国于2015年12月27日,第十二届全国人民代表大会常务委员会第十八次会议通过了《中华人民共和国反家庭暴力法》(以下简称《反家庭暴力法》),并于2016年3月1日起实施。《反家庭暴力法》以预防和制止家庭暴力,保护家庭成员合法权益,维护平等、和睦、文明的家庭关系,促进家庭和谐、社会稳定为目的,确立了告诫、强制报告、临时庇护、撤销监护、人身安全保护令等重要制度。这是我国人权保障的基本法,体现了国家公权力制止家庭暴力、尊重和保障人权、保护弱势群体的利益、促进男女平等等先进理念,在我国法治建设中具有里程碑式的重大意义。

我国《反家庭暴力法》的重要地位和作用

《反家庭暴力法》是一部专门规范反家庭暴力工作的法律。这部法律的出台,标志着我国形成了以宪法为根据,以反家庭暴力法为主体,包括其他相关法律法规在内的防治家庭暴力的法律体系。防治家庭暴力法律体系的形成,创制和完善了我国预防和制止家庭暴力的法律制度,丰富和强化了国家和社会干预家庭暴力的法律措施和手段,适应了现代中国全面建成小康社会的法治要求,是全面推进依法治国的重要成果。

《反家庭暴力法》是一部基本人权保障法,充分体现了尊重和保障人权的宪法精神。家庭是促进人权的重要力量,必须赋权家庭,使家庭能够确保人的安全,满足所有家庭成员的基本需求。家庭的建立和发展均必须建立在性别平等、个人权利不受侵犯、相互尊重、关爱与宽容的基础之上。《反家庭暴力法》以"国家禁止任何形式的家庭暴力"的鲜明态度,宣告了国家对家庭暴力的否定和谴责,明确了家庭暴力不是个人私事而是社会公害,不是一般的家庭纠纷,而是违法犯罪,是对家庭成员人权的侵犯。

在我国历史上,丈夫打妻子、家长打孩子曾经被视为理所当然和天经地义。在封建社会的法律制度中更是将这种家庭暴力合法化,从而形成了相沿难改的传统和习俗。反家庭暴力法以改变和创造历史的态度,打通了公权力干预家庭暴力的渠道,打破了法不入家门的传统禁锢,使家庭不再是法外之地,不再是隔离于社会的孤岛。从这个角度来看,《反家庭暴力法》是一

部打破传统禁锢、推动历史进步的法律。

家庭暴力的核心是权力和控制,它反映出施暴者和受害者之间的权力控制关系。在家庭暴力的受害者中,绝大多数是女性。针对女性的家庭暴力,在本质上就是性别歧视的极端表现形式。从这个意义上讲,《反家庭暴力法》就是反性别歧视法,它与先进性别文化之间在目标、核心价值方面是完全一致的。《反家庭暴力法》对平等、和睦、文明的家庭关系的维护,就是在婚姻家庭领域对先进性别文化内涵和价值的确认和保障。

家庭暴力受害人的法律救济途径

《反家庭暴力法》为受害人提供了有力的保护。家庭暴力受害人及其法定代理人、近亲属可以通过两个途径得到法律救济：一是拨打公安机关报警电话"110"或者向基层派出所报案。目前家庭暴力报警早已纳入了"110"出警工作范围。许多省区市在基层派出所、警务室设立了家暴投诉点，部分省公安厅出台文件明确了办理家庭暴力案件的工作原则和职责、理念，规范了处置家庭暴力工作具体程序。二是对于有证据证明的轻微家庭暴力犯罪案件，受害人可以选择自诉，依法向犯罪发生地或者被告人居住地的基层人民法院起诉；家庭暴力行为尚未构成犯罪的，受害人可以向人民法院提起民事诉讼，要求施暴人承担停止侵害、赔礼道歉、赔偿损失等民事责任，也可以依照反家庭暴力规定向人民法院申请人身安全保护令。确立了依法及时有效干预、保护被害人安全和隐私，尊重被害人意愿和对未成年人、老年人、残疾人、孕妇、哺乳期妇女、重病患者特殊保护的基本原则，要求公安机关、人民检察院、人民法院接到家庭暴力的报案、控告或者举报后，应当立即问明案件的初步情况，制作笔录，迅速进行审查，按照刑事诉讼关于立案的规定，根据管辖范围，决定是否立案。对于符合立案条件的，要及时立案。对于可能构成犯罪但不属于自己管辖的，应当移送主管机关处理，并且通知报案人、控告人或者举报人；对不属于自己管辖而又必须采取紧急措施的，应当先采取紧急措施，然后移送主管机关。经审查，对于家庭暴力行为尚未构成犯

罪,但属于违反治安管理行为的,应当将案件移送公安机关,依治安管理处罚法的规定进行处理,同时告知被害人可以向人民调解委员会提出申请,或者向人民法院提起民事诉讼。

家庭暴力属于违法犯罪行为,《反家庭暴力法》第三款规定,对于正在发生的家庭暴力,任何单位、个人均有权进行劝说、加以阻止,不得以侵犯隐私权等为由追究劝阻者的法律责任。这里的"单位、个人"是指依法不负有劝阻家庭暴力职责的单位、个人,劝阻制度对特定主体防治家庭暴力的义务予以明确,有助于充分调动社会力量反家暴的积极性。

什么是强制报告制度

强制报告制度,也称作强制报案制度,是《反家庭暴力法》中的重要制度。《反家庭暴力法》第十四条规定:"学校、幼儿园、医疗机构、居民委员会、村民委员会、社会工作服务机构、救助管理机构、福利机构及其工作人员在工作中发现无民事行为能力人、限制民事行为能力人遭受或者疑似遭受家庭暴力的,应当及时向公安机关报案。公安机关应当对报案人的信息予以保密。"该条规定了特定机构及其工作人员在发现有遭受家庭暴力现象的,不可置之不理,应当及时报案。并且在第三十五条规定:"学校、幼儿园、医疗机构、居民委员会、村民委员会、社会工作服务机构、救助管理机构、福利机构及其工作人员未依照本法第十四条规定向公安机关报案,造成严重后果的,由上级主管部门或者本单位对直接负责的主管人员和其他直接责任人员依法给予处分。"对于无民事行为能力、限制民事行为能力的家暴受害者而言,他们由于生理或心理的不足,在家庭中易受暴力侵害,自我保护能力差,且同时丧失了诉讼行为能力,面对家暴也没有及时维护自己权利的意识和能力,而法律规定的维护他们权利的法定监护人实际上却往往是施暴人,因此,由和受害人接触密切的机构来为受害人及时寻求保护是最及时的。对于家庭暴力行为,任何组织和公民有权劝阻、制止,或者向公安机关报案,但向公安机关就家庭暴力行为报案不是公民法定义务。在过去,任何公民对家庭暴力行为未向公安机关报案并不会因此承担法律责任。为有效

遏制家庭暴力行为,《反家庭暴力法》第十四条规定了特定组织、个人就家庭暴力行为有向公安机关报案的强制报告义务。该条中的无民事行为能力人、限制民事行为能力人主要是指未成年人、精神病人、失智老人、残障人士等特殊人群。

学校、幼儿园、医疗机构、居民委员会、村民委员会、社会工作服务机构、救助管理机构、福利机构及其工作人员,就是《反家庭暴力法》规定的家庭暴力强制报告义务主体,他们在工作中发现的前述特殊人群即无民事行为能力人、限制民事行为能力人在遭受家庭暴力或疑似遭受家庭暴力时应当向公安机关报案。这些人与保护对象之间都有密切的关系,在工作中最有可能发现保护对象是否遭受了家庭暴力。很多未成年人遭受家庭暴力的重大案件就是学校老师最先发现并报警才暴露出来的。如果前述特定组织或个人未依照法律规定向公安机关报案、造成严重后果,将依法对相关责任人员给予处分。

强制报告的对象不是所有家庭暴力受害人,而是某些特定人群,即无民事行为能力人和限制民事行为能力人。根据我国民法通则的规定,无民事行为能力人和限制民事行为能力人指的是不满18周岁的未成年人和不能辨认或不能完全辨认自己行为的精神病人。

履行强制报告责任是有条件的。首先,发现的途径是明确的,即要求义务主体是"在工作中发现"无民事行为能力人、限制民事行为能力人已经遭受或者怀疑其可能遭受家庭暴力的情况下,才需要强制报告。如果不是在工作中发现的,或者有证据证明在工作中不可能发现受害人遭受家庭暴力的,就不用承担强制报告义务。这种责任与日常工作和职责相连接,对义务主体罪来说并不是额外负担。其次,责任是限定的,即发现后"应当及时向公安机关报案",而不是向其他部门报告。此外,为了避免负有义务的单位和人员因担心遭到打击报复等而不愿意或者不积极履行强制报告义务,为解决他们的后顾之忧,本条特别对报案人信息保密问题做了规定,即公安机关应当对报案人的信息予以保密。

公安机关处置家庭暴力的职责

公安机关处置家庭暴力的具体职责主要包括以下几点:

1.接到报警后及时出警

2008年,最高人民检察院、公安部等七部委共同下发的《关于预防和制止家庭暴力的若干意见》,要求公安机关将家庭暴力纳入"110"出警范围。2015年,最高人民法院、最高人民检察院和司法部联合制定《关于依法办理家庭暴力犯罪案件的意见》,进一步细化了公安机关的责任。这次立法再次重申公安机关遇有家暴报警要及时出警。实践表明,警察有能力制止正在发生的家庭暴力,警察介入对施暴者有强大的威慑力,也增强了受害人的安全感。

2.按照有关程序调查取证

由于家庭暴力行为多发生于家庭内部,且多涉及夫妻间的隐私,外人不易察觉,即使察觉也难以举证事件的细节,受暴者缺乏自我保护意识,受暴后往往无法找到有力证据。如何取得施暴证据成为维护弱势群体权利、惩罚违法行为的关键。因此,法律赋予公安机关负有调查收集证据的职责。实践中派出所接到报警电话后,一般会在第一时间赶到现场。如果暴力正在进行,警察将有效阻止;如果暴力已经结束,警察会将双方当事人带到派出所,详细询问事发的具体情况,并将双方陈述的事实记录下来,作为报警记录,报警记录是反映存在家庭暴力的有效证据。

3.协助受害人就医、鉴定伤情

家庭暴力一旦发生,往往会造成受害人身体的伤害,轻则造成表皮红肿发青,重则致伤致残,甚至危及生命,严重损害受害人的身体健康。需要就医的,警察应当协助受害人到医院治疗;需要伤情鉴定的,警察应当协助受害人进行伤情鉴定。警察一般会给受害人开具专门的验伤申请单,到指定的司法鉴定医院进行伤情鉴定。伤情鉴定结论具有法律效力,是遭受家庭暴力的最有力证据。根据规定,人民法院审理涉及家庭暴力的案件,可以根据伤情鉴定等证据认定家庭暴力事实。家庭暴力可以作为离婚事由,受害方可据此要求经济赔偿。因此,证据的固定和保留十分重要。

伤情鉴定,指的是人体损害程度鉴定,即鉴定是否构成轻微伤、轻伤或者重伤。家庭暴力伤情鉴定具有重要的法律意义,伤情构成轻微伤的,公安机关可以给予加害人行政处罚;构成轻伤或者重伤的,可以依法追究加害人的刑事责任。一般来说,处理家庭暴力的公安机关会根据受害人的伤情委托有关鉴定机构,对受害人的伤情作出鉴定;公安机关没有组织伤情鉴定的,受害人可以向公安机关提出伤情鉴定的申请,也可以自行委托司法鉴定机构进行伤情鉴定。司法鉴定机构作出的鉴定结论,可以反映给公安机关,在民事诉讼、刑事自诉中也可以作为证据提交给人民法院。目前,有的县市已成立了家庭暴力伤情鉴定中心,是面向社会、面向群众的服务性机构,需要鉴定的受害人员可以经过妇联或者公安机关委托进行伤情鉴定。有的家庭暴力鉴定中心还允许受害人自行委托鉴定。对经济上确有特殊困难的受害人,中心还有减、免、缓交费用等相应措施。

根据最高人民法院、最高人民检察院、公安部、国家安全部、司法部2013年8月发布的《人体损伤程度鉴定标准》,人体损伤程度可分为重伤、轻伤、轻微伤三种。

重伤:使人肢体残废、毁人容貌、丧失听觉、丧失视觉、丧失其他器官功能或者其他对于人身健康有重大伤害的损伤,包括重伤一级和重伤二级。

轻伤:使人肢体或者容貌损害,听觉、视觉或者其他器官功能部分障碍或者其他对于人身健康有中度伤害的损伤,包括轻伤一级和轻伤二级。

轻微伤:各种致伤因素所致的原发性损伤,造成组织器官机构轻微损害或者轻微功能障碍。

4.对特定群体遭受家庭暴力的协助

对特定群体遭受家庭暴力时,公安机关应当通知并协助民政部门安置在家庭暴力的处置中,一个重要的问题就是如何保护无民事行为能力人、限制民事行为能力人的安全。与其他家庭成员相比,无民事行为能力人、限制民事行为能力人处于弱势地位,缺乏自我保护能力,更容易遭受家庭暴力的侵害,又难以通过自己的力量获得法律的保护。为了避免可能面临再次受到家庭暴力侵害,应当优先保护无民事行为能力人、限制民事行为能力人的健康和安全,将其带离家庭,进行紧急救助和安置。紧急情况时将未成年人带离施暴监护人。带离的目的是紧急保护未成年人的安全,当危险状态消失后,再根据情况决定是否将未成年人送回家庭。

近年来,我国出台的一些规范性文件开始重视这个问题。2014年最高人民法院、最高人民检察院、公安部、民政部《关于依法处理监护人侵害未成年人权益行为若干问题的意见》规定:"公安机关在出警过程中,发现未成年人身体受到严重伤害、面临严重人身安全威胁或者处于无人照料等危险状态的,应速将其带离实施监护侵害行为的监护人,就近护送到其他监护人、亲属、村(居)民委员会或者未成年人救助保护机构,并办理书面交接手续。"

对家庭暴力当事人进行
法治教育和心理辅导

《反家庭暴力法》第二十二条规定:"工会、共产主义青年团、妇女联合会、残疾人联合会、居民委员会、村民委员会等单位应当对实施家庭暴力的加害人进行法治教育,必要时可以对加害人、受害人进行心理辅导。"加害人实施家庭暴力行为的,除了由公安机关、人民法院依法给予相应处置、处罚外,为惩前毖后、"治病救人",防止其再次实施家庭暴力,对其进行法治教育是很有必要的。同时,由于实施家庭暴力的加害人往往心理上存在问题,受害人在遭受家庭暴力时也会遭受不同程度的心理伤害,应对加害人、受害人同时进行心理辅导。

工会、共产主义青年团、妇女联合会、残疾人联合会、居民委员会、村民委员会等单位,在实际中与家庭和个人联系比较紧密,且根据各自职责也在村(居)民自治和劳动者、青少年、妇女、残疾人权益保护方面具有专业优势,发挥着较好的作用,由这些单位开展对加害人的法治教育,以及对加害人、受害人的心理辅导,更符合实际。

对加害人进行法治教育,可根据实际情况采取多种形式。比如,对于家庭暴力个案中的加害人,可由村委会、居委会的工作人员,结合平时对其性格倾向、生活经历等情况的了解,通过宣讲相关法律、法规和政策,进行面对面的法治教育,或者在主持家庭矛盾纠纷调解的过程中,帮助加害人分析利害得失,给予警示教育,让其认识到自己的错误。如果条件允许,妇联、共青团、工会、残联等组织,也可以针对某一类家庭暴力现象,通过举办学习班、播放反家庭暴力录像、让已经悔改的加害人现身说法等方式,将加害人组织起来集中进行法治教育。

家庭成员间心理沟通不畅通,是家庭暴力发生的一个重要原因。家庭成员特别是夫妻之间如果长期不能相互理解、正常沟通,愤怒情绪会不断积蓄甚至爆发,最终导致家庭暴力的发生。对于加害人而言,心理上表现为不自信、气度小、疑心大,比如对配偶以前的恋爱对象和工作、生活中接触的异性保持防范心理,常常无事生非;有的表现为孤僻、暴躁,平常沉默无语,不愿意与家庭成员交流,不能忍受人际关系的矛盾,常常把遭受的不愉快带回家,向家庭成员发泄;有的表现为心理阴暗、狂妄自大,在鸡毛蒜皮的小事上反复纠缠,对周围的人和事百般挑剔等。因此,采取措施对加害人进行心理辅导能有效预防家庭暴力再次发生。对于已经遭受过家庭暴力的受害人而言,往往倾向于低自尊和习惯性无助,衍生出抑郁、焦虑、恐惧等情绪障碍,过度的压抑和无助甚至会引发针对自身(自伤或自杀)或针对加害人(以暴制暴)的暴力行为,对于这一类受害人,经济补偿以及对加害人的法律制裁,并不能完全抚平其心理上的创伤。对受害人进行有针对性的心理辅导也是十分必要的。

家庭暴力是一种不健康的人际沟通方式,家庭暴力的加害人、受害人要走出家庭暴力,除了自己做出努力以外,获得心理健康指导会更快地帮助他们走出家庭暴力的困境。家庭暴力通常具有周期性、反复性,许多时候凭借加害人、受害人自身的努力很难走出家庭暴力,这种情况下通过寻求专业帮助可以更有效地解决家暴问题。我国目前已有专业的心理辅导机构,专门对加害人、受害人进行专业的心理疏导工作。同时,在心理健康领域,也有专业分类,比如具有临床心理学专长的精神科医师、心理治疗师,接受过心理卫生专业训练的精神科医师、精神科护士、心理咨询师和社会工作师。这些机构和人员在对家庭暴力加害人和受害人进行心理辅导时,可以根据具体情况制定专业的工作方案。在具体的案件中,加害人、受害人所处的角色

和地位不同,对他们采取心理辅导的内容和方式也应有所不同。对于加害人的心理辅导,主要侧重于其实施家庭暴力行为的动机分析,对其多疑、孤僻、阴暗等不良心理进行干预,侧重于发挥心理矫治功能。对于受害人的心理辅导,应主要侧重于对其遭受家庭暴力后的心理治疗,让其树立生活信心,侧重于发挥心理治疗功能。

什么是庇护制度

庇护指为遭受家暴威胁的受害者提供临时躲避场所的救助措施。这一救助措施的最大功能在于让遭受家庭暴力的受害者有一个临时栖身之地，同时可为冲突双方提供缓冲，避免更大的伤害发生。《反家庭暴力法》第十五条规定，公安机关接到家庭暴力报案后应当及时出警，制止家庭暴力，按照有关规定调查取证，协助受害人就医、鉴定伤情。无民事行为能力人、限制民事行为能力人因家庭暴力使身体受到严重伤害、面临人身安全威胁或者处于无人照料等危险状态的，公安机关应当通知并协助民政部门将其安置到临时庇护场所、救助管理机构或者福利机构。《反家庭暴力法》第十八条规定，县级或者设区的市级人民政府可以单独或者依托救助管理机构设立临时庇护场所，为家庭暴力受害人提供临时生活帮助。给家庭暴力受害人提供临时庇护的场所，不向受害人收取费用。这就是《反家庭暴力法》规定的庇护制度。

家庭暴力临时庇护场所设立的主体是县级或设区的市级人民政府。为家庭暴力受害人提供短期安全的安身之所，帮助受害人脱离暴力侵害或威胁，是政府保护公民人身权利的责任所在。县级或设区的市级人民政府应当提供必要的经费、场地和安全保障，制定临时庇护场所的条件标准、服务内容和工作规范。在公安部门，接受家暴投诉的机构、组织与临时庇护场所之间建立畅通的合作机制，鼓励社会力量参与，为家庭暴力受害人提供临时

生活帮助。

　　设立家庭暴力临时庇护场所通常需要满足以下条件:一是与公安部门以及接受家暴投诉的机构、组织有良好的合作关系,可以稳定持续地运营;二是有安全保障,使施暴者难以找到或找到后不能继续实施加害行为;三是短时间内受害人可以到达;四是可以满足受害人基本生活需求;五是有一定的专业人员提供服务。2008年民政部同全国妇联等部门印发《关于预防和制止家庭暴力的若干意见》明确"民政部门救助管理机构可以开展家庭暴力救助工作,及时受理家庭暴力受害人的求助,为受害人提供庇护和其他必要的临时性救助"。此后,全国有近400个城市依托救助管理机构设立了家庭暴力庇护中心,据不完全统计,2008年以来全国各救助管理机构庇护救助家庭暴力受害人5万人次左右。2015年,民政部、全国妇联又联合下发的《关于做好家庭暴力受害人庇护救助工作的指导意见》明确救助管理机构开展家庭暴力受害人庇护救助的原则、任务、工作程序和工作要求,明确规定,常住人口及流动人口中,因遭受家庭暴力导致人身安全受到威胁,处于无处居住等暂时生活困境,需要进行庇护救助的未成年人和寻求庇护救助的成年受害人,属于家庭暴力受害人庇护救助工作对象。寻求庇护救助的妇女可携带需要其照料的未成年子女同时申请庇护。

　　对于无民事行为能力人、限制民事行为能力人,由于他们缺乏自我认知及对外求助的能力,我国法律要求,当其因家庭暴力使身体受到严重伤害、面临人身安全威胁或者处于无人照料等危险状态的,公安机关应当通知并协助民政部门将其安置到临时庇护场所、救助管理机构或者福利机构。

　　家庭暴力临时庇护场所的主要功能是为家庭暴力受害人提供临时生活帮助,主要包括以下内容:一是根据性别、年龄实行分类分区救助,在庇护期间妥善安排食宿等临时救助服务并做好隐私保护工作;对于年幼的未成年受害人,安排专业社会工作者或专人予以陪护和精心照料,待其情绪稳定后可根据需要安排到爱心家庭寄养。救助管理机构庇护救助成年受害人的期限一般不超过10天,因特殊情况需要延长的,报主管民政部门备案。城乡社区服务机构可以为社区内遭受家庭暴力的居民提供应急庇护救助服务。二是可以通过与社会工作服务机构、心理咨询机构等专业力量合作方式对受害人进行安全评估和需求评估,根据受害人的身心状况和客观需求制定个案服务方案。三是应当积极协调人民法院、司法行政、人力资源社会保障、卫生等部门,社会救助经办机构、医院和社会组织为符合条件的受害人提供司法救助、法律援助、婚姻家庭纠纷调解、就业援助、医疗救助、心理康复等服务。

什么是告诫制度

家庭暴力告诫制度是指公安机关对情节轻微不构成治安处罚的家庭暴力行为,督促加害人改正而做出的行政指导意见,是公安机关在防治家庭暴力实践中创设的干预措施。我国《反家庭暴力法》第十六条规定,家庭暴力情节较轻,依法不给予治安管理处罚的,公安机关对加害人给予批评教育或者出具告诫书。告诫书应当包括加害人的身份信息、家庭暴力的事实陈述、禁止加害人实施家庭暴力等内容。公安机关应当将告诫书送交加害人、受害人,并通知村委会或者居委会。《反家庭暴力法》确立家庭暴力告诫制度,是通过运用行政指导手段,将教育、预防和惩戒相结合的制度创新。与口头调解相比,这种被法律确认的告诫制度更能够起到教育警示加害人的作用;与惩戒措施相比,强调在轻微家庭暴力行为升级之前的干预,起到减少家庭暴力升级的预防效果;与行政强制措施相比,尽管不能够立即产生强制力,但是为家庭暴力升级时的惩戒又提供了合法的证据。

家庭暴力告诫制度的运作机制主要包括3个部分:

(1)教育警示。对情节较轻、主动消除或减轻违法后果并取得受害人谅解、经公安机关调解达成协议等依法不予行政处罚的家庭暴力行为,由公安机关通过对加害人进行教育、警示,并送达书面家庭暴力告诫书,督促家庭暴力加害人改正违法行为。

(2)查访监督。居民委员会、村民委员会、公安派出所应当对收到告诫书的加害人、受害人进行查访,监督加害人不再实施家庭暴力。

(3)诉讼追究。告诫书可以作为人民法院认定实施家庭暴力的证据。受害人在将来提起离婚及人身伤害赔偿诉讼时,家庭暴力告诫书可以成为获得法院支持的重要证据。"人民法院依法受理的家庭暴力人身伤害的刑事案件,在该刑事案件发生之前公安机关曾对加害人进行过告诫的,可以作为人民法院处理该刑事案件的酌定从重情节"。这些规定都会对家庭暴力加害人形成一种潜在的约束,使其自觉控制其行为。

在反家暴法未出台之前,尽管刑法、治安管理处罚条例等法律法规对实施家庭暴力也做出了一些规定,但是在实践中存在大量的家庭暴力行为达不到行政处罚或刑事处罚的伤害标准而使公权力处于无法干预的状态,更让相当多的施暴者有恃无恐而使家庭暴力愈演愈烈。《反家庭暴力法》第十六条第一款明确提出对于家庭暴力情节较轻尚未达到治安处罚的,公安机关可向施暴者开出告诫书,从而使公权力在家暴情节轻微时就开始介入。相对于以往公安机关单纯的口头调解方式,家庭暴力告诫制度通过严格的程序,由公安机关实施告诫,采取书面形式送达加害人本人,其正式性更容易对加害人起到教育和警示的作用。

告诫制度能够有效改善家庭暴力案件举证困难的现状。当事人如果继续实施家庭暴力,告诫书为进一步处置家庭暴力提供了证据或者认定家庭暴力的依据。根据民事诉讼"谁主张,谁举证"的证据规则,在涉及家庭暴力的离婚、继承、抚养等民事案件中,受害人须就自己遭受家庭暴力的事实进行举证。然而由于家庭暴力多发生在家庭内部或私密空间,具有很强的隐蔽性;受害人不懂如何收集、固定证据;邻居、亲戚等知情人将家庭暴力作为他人的"家务事"不愿意作证等原因,司法实践中家庭暴力的举证非常困难,法院认定家庭暴力的比例非常低,受害人难以实现法律规定的民事救济。设立告诫制度,由公安机关按照规范程序进行调查取证,并对施暴者发出书面形式的告诫书,有利于及时固定家庭暴力的证据,为受害人将来可能面临的民事诉讼提供证据支持。《反家庭暴力法》第二十条提到,公安机关的出警记录、告诫书、伤情鉴定意见在诉讼中可以作为认定家庭暴力事实的证

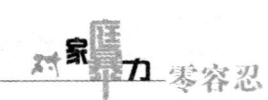

据。尽管告诫书不具有强制性,但是告诫书已经下达即在公安机关有了备案,当家暴升级,即可作为法院在审理涉及家暴民事案件时的直接证据;在涉及家庭暴力的刑事案件中,告诫书也可作为法院裁判的酌定从重情节,从而为受害者在诉讼中的举证提供了便利。

什么是撤销监护权

　　监护是指对未成年人以及其他限制民事行为能力人、无民事行为能力人的人身和财产权益进行监督和保护的一项民事制度。因为无民事行为能力人和限制民事行为能力人虽有与他人平等的民事权利能力,但却不具备完全民事行为能力,不能独立地或不能完全独立地进行民事活动,因而其民事权利能力不能以自己的行为加以实现,对自己的合法权益不能予以保护。设立监护则可以由监护人代无民事行为能力人和限制民事行为能力人进行民事活动,并保护其合法权益。监护人的监护职责包括保护被监护人的身体健康,照顾被监护人的生活,管理和保护被监护人的财产,代理被监护人进行民事活动,对被监护人进行管理和教育,代理被监护人进行诉讼。监护人应当履行监护职责,保护被监护人的人身、财产及其他合法利益,除为被监护人的利益外,不得处理被监护人的财产。监护人不履行监护职责或者侵害被监护人的合法权益的,应当承担责任,如给被监护人造成财产损失的,应当赔偿损失。设立监护制度的目的在于由监护人对未成年人和其他无民事行为能力人、限制民事行为能力人的人身和财产进行保护和管理。此外,监护制度也有利于维护社会秩序的安定。因为无民事行为能力人、限制民事行为能力人对其行为后果缺乏相应的判断能力,如果实施不法行为给他人造成损害,也不能承担民事责任,设立监护就可以由监护人约束其行为,以免对他人造成损害。

《反家庭暴力法》规定,监护人实施家庭暴力严重侵害被监护人合法权益的,人民法院可以根据被监护人的近亲属、居民委员会、村民委员会、县级人民政府民政部门等有关人员或者单位的申请,依法撤销其监护人资格,另行指定监护人。该规定意味着监护人实施家庭暴力并严重侵害被监护人权益的情况下,监护人会面临撤销监护权的诉讼,由法院裁决是否撤销监护人监护资格。监护权撤销诉讼,不仅被监护人的近亲属可以向法院提出申请,居民委员会、村民委员会、县级人民政府民政部门等单位也可以提出申请。这里的被监护人主要是指未成年人、精神病人、失智老人、残障人士等特殊人群。《反家庭暴力法》同时规定,被撤销监护人资格的加害人,应当继续负担相应的赡养、扶养、抚养费用。

关于申请撤销监护人资格诉讼,最高人民法院、最高人民检察院、公安部、民政部联合出台的《关于依法处理监护人侵犯未成年人权益行为若干问题的意见》做了更加详尽的规定。根据该意见,被申请人有下列情形之一的,人民法院可以判决撤销其监护人资格:(1)性侵害、出卖、遗弃、虐待、暴力伤害未成年人,严重损害未成年人身心健康的。(2)将未成年人置于无人监管和照看的状态,导致未成年人面临死亡或者严重伤害危险,经教育不改的。(3)拒不履行监护职责长达6个月以上,导致未成年人流离失所或者生活无着的。(4)有吸毒、赌博、长期酗酒等恶习无法正确履行监护职责,或者因服刑等原因无法履行监护职责,且拒绝履行监护职责部分或者全部委托给他人,致使未成年人处于困境或者危险状态的。(5)胁迫、诱骗、利用未成年人乞讨,经公安机关和未成年人救护保护机构等部门3次以上批评教育拒不改正,严重影响未成年人正常生活和学习的。(6)教唆、利用未成年人实施违法犯罪行为,情节恶劣的。(7)有其他严重侵害未成年人合法权益行为的。

申请撤销监护人资格案件,由未成人住所地、监护人住所地或者侵害行为地基层人民法院管辖。人民法院受理撤销监护人资格案件不收取诉讼费用。人民法院应当全面审查调查评估报告等证据材料,听取被申请人、有表达能力的未成年人以及村(居)民委员、学校邻居等的意见。判决撤销监护人资格,未成年人有其他监护人的,应当由其他监护人承担监护职责。其他监护人应采取措施避免未成年人继续受到侵害。没有其他监护人的,人民法院根据最有利于未成年人的原则指定监护人。指定个人担任监护人的,应综合考虑其意愿、品行、身体状况、经济条件、与未成年人的生活情感联系以及有表达能力的未成年人的意愿等。没有合适人员和其他单位担任监护人的,人民法院应当指定民政部门担任监护人,由其所属儿童福利机构收留抚养。

被撤销监护人资格的侵害人,自监护人资格被撤销之日起3个月至1年内,可以书面向人民法院申请恢复监护人资格,并应当提交相关证据。人民法院审理申请恢复监护人资格案件,应当征求未成年人现任监护人和有表达能力的未成年人的意见,并可以委托申请人住所地的未成年人救助保护机构或者其他未成年人保护组织,对申请人监护意愿、悔改表现、监护能力、身心状况、工作生活情况等进行调查,形成调查评估报告。人民法院经审理认为申请人确有悔改表现并且适宜担任监护人的,可以判决恢复其监护人资格,原指定监护人的监护人资格终止。申请人具有下列情形之一的,一般不得判决恢复其监护人资格:(1)性侵害、出卖未成年人的。(2)虐待、遗弃未成年人6个月以上,多次遗弃未成年人,并且造成重伤以上严重后果的。(3)因监护侵害行为被判处5年有期徒刑以上刑罚的。

我国《婚姻法》规定:(1)夫妻有互相扶养的义务,一方不履行扶养义务时,需要扶养的一方有要求对方付给扶养费的权利。(2)父母对子女有抚养教育的义务,子女对父母有赡养扶助的义务。父母不履行抚养义务时,未成年的或不能独立生活的子女,有要求父母付给抚养费的权利。子女不履行赡养义务时,无劳动能力的或生活困难的父母,有要求子女付给赡养费的权利。(3)有负担能力的祖父母、外祖父母,对于父母已经死亡或父母无力抚养的未成年的孙子女、外孙子女,有抚养的义务。有负担能力的孙子女、外孙子女,对于子女已经死亡或子女无力赡养的祖父母、外祖父母,有赡养的义务。(4)有负担能力的兄、姐,对于父母已经死亡或父母无力抚养的未成年的弟、妹,有扶养的义务。由兄、姐扶养长大的有负担能力的弟、妹,对于

缺乏劳动能力又缺乏生活来源的兄、姐,有扶养的义务。因此,加害人对被监护人的赡养、扶养、抚养义务,并不会因为其被撤销监护资格而自然消灭,仍然应当依法继续负担被监护人的赡养、扶养、抚养费用。

什么是人身安全保护令制度

人身安全保护令,是为保护家庭暴力受害人及其子女和特定亲属的人身安全,确保民事案件诉讼程序的正常进行而由人民法院做出的民事裁定,是一项保护家暴受害人的司法救济制度。《反家庭暴力法》规定了人身安全保护令制度,规定当事人因遭受家庭暴力或者面临家庭暴力的现实危险向人民法院申请人身安全保护令的相关制度。《反家庭暴力法》第四章整个章节具体对"人身安全保护令"做了规定,共十个条文(第二十三条至第三十二条)。包括对人身安全保护令的申请方式、形式、管辖、申请条件、保护令种类、保护措施、期限、送达、执行等内容做了具体的规定,并且专门明确了违反保护令的法律责任,从而构建起较为完整全面的人身安全保护令制度。其特点在于:

第一,人身安全保护令不须依附其他案由就可独立申请。当法院对申请人的请求进行审查后,确为遭受家庭暴力或者面临家庭暴力的就可以做出人身安全保护令。

第二,确立人身安全保护令代为申请制度。除当事人可以申请人身安全保护令外,反家暴法还赋予能够了解到受害人受到家暴的相关人员和机构代替当事人申请人身安全保护令的权利,此举为因强制、威吓等原因不能亲自申请以及由于其智力原因不知申请人身安全保护令的受害者提供了救济途径。

第三,将人身安全保护令分为通常保护令和紧急保护令,确保受害人及时受到保护,不再遭受家暴威胁。其中,通常保护令要求法院在72小时内做出驳回或者签发,而紧急保护令则将时间限制在24小时内,充分发挥保护令迅速、有效地对家庭暴力的受害者实施保护的作用。

第四,明确规定了违反人身安全保护令的法律责任,使得保护令不是一纸空文。在《反家庭暴力法》的法律责任一章中规定,被申请人违反人身安全保护令达到犯罪标准的,还可追究其刑事责任,结合《刑法》第三百一十三条规定的拒不执行人民法院裁定、判决的法律责任进行处理。从而为保护令的执行提供了法律保障,成为被申请人的"紧箍咒"。

第五,保护令的申请形式灵活,管辖就近便利,贯彻司法为民的理念。人身安全保护令可进行书面申请,但也承认特殊情况下的口头申请,这尤其为受教育程度低的受害人提供了便利。在管辖上,申请人或者被申请人的居住地基层人民法院都有管辖权,最大程度保证人身安全保护令的及时签发。

人身安全保护令制度的主要内容包括以下8个方面:

(一)人身安全保护令申请人范围

《反家庭暴力法》第二十三条规定,家庭暴力的当事人(主要指受害人)可依法申请人身安全保护令;当事人是无民事行为能力人、限制民事行为能力人,或者因受到强制、威吓等原因无法申请人身安全保护令的,其近亲属、公安机关、妇女联合会、居民委员会、村民委员会、救助管理机构可以代为申请。

(二)人身安全保护令实施主体

《反家庭暴力法》第二十四条规定,申请人可以向申请人或者被申请人居住地、家庭暴力发生地的基层人民法院申请人身安全保护令。人民法院依法做出人身安全保护令以后,应当送达申请人、被申请人(即家庭暴力加害人)、公安机关以及居民委员会、村民委员会等有关组织,并予以执行;公安机关以及居民委员会、村民委员会等应当协助执行。

（三）人身安全保护令主要措施

《反家庭暴力法》第二十九条规定，人身安全保护令措施包括："禁止被申请人实施家庭暴力；禁止被申请人骚扰、跟踪、接触申请人及其相关近亲属；责令被申请人迁出申请人住所；保护申请人人身安全的其他措施。"

（四）申请人身安全保护令必须具备的条件

《反家庭暴力法》第二十四条规定，申请人身安全保护令必须同时满足3个条件："一、有明确的被申请人；二、有具体的请求；三、有遭受家庭暴力或者面临家庭暴力现实危险的情形。"上述的第三个条件，需要有一定的证据能够证明遭受家庭暴力或正在面临家庭暴力的危险，所以在遭受家庭暴力中，受害人要做好证据材料的收集工作，如"110"报警记录、对案发现场及身体伤害部位录影录像、就医病例、心理咨询记录、求助妇联人民调解组织、法律援助机构、村/居民委员会等机构的接待记录，相关证人证言，施暴人承诺书，电话录音、短信、微博、微信、QQ 聊天记录等。

（五）违反人身安全保护令的法律后果

加害人若违反人民法院依法做出的人身安全保护令，情节较轻时可给予 1000 元以下罚款、15 日以下拘留；情节严重的则构成拒不履行法院判决、裁定罪，将依法追究其刑事责任。

（六）人身安全保护令的有效期限

根据《反家庭暴力法》第三十条的规定，人身安全保护令的有效期不超过 6 个月，自做出之日起生效。人身安全保护令失效前，人民法院可以根据申请人的申请撤销、变更或者延长。

（七）人身安全保护令的执行

根据《反家庭暴力法》第三十二条的规定，人民法院做出人身安全保护令后，应当送达申请人、被申请人、公安机关以及居民委员会、村民委员会等有关组织。人身安全保护令由人民法院执行，公安机关以及居民委员会、村民委员会等应当协助执行。

（八）对人身安全保护令不服的救济

根据《反家庭暴力法》第三十一条的规定,申请人对驳回申请不服或者被申请人对人身安全保护令不服的,可以自裁定生效之日起5日内向做出裁定的人民法院申请复议一次。人民法院依法做出人身安全保护令的,复议期间不停止人身安全保护令的执行。

家庭暴力加害人依法应承担的法律责任

加害人实施家庭暴力导致受害人轻伤、重伤或死亡的,应当依法承担故意伤害罪或故意杀人罪的刑事责任,并依法赔偿相关损失。加害人实施家庭暴力导致受害人轻微伤,公安机关将依照《治安管理处罚法》依法给予加害人拘留、罚款的行政处罚;家庭暴力情节较轻,依法不给予治安管理处罚的,由公安机关对加害人给予批评教育或者出具告诫书;并且受害人有权要求加害人赔偿相关损失。

告诫书应当包括加害人的身份信息、家庭暴力的事实陈述、禁止加害人实施家庭暴力等内容。公安机关应当将告诫书送交加害人、受害人,并通知居民委员会、村民委员会。居民委员会、村民委员会、公安派出所应当对收到告诫书的加害人、受害人进行查访,监督加害人不再实施家庭暴力。

加害人对受害人实施家庭暴力,只要受害人坚持要求公安机关做出处理,公安机关就必须依法对加害人依照《治安管理处罚法》做出拘留、罚款处罚,构成犯罪则依法追究刑事责任。另外,根据我国《婚姻法》第四十六条规定,无过错方因为加害人实施家庭暴力而提出离婚,家庭暴力事实只要被法庭认定成立,就是离婚的法定事由,法庭必须判决准予离婚,并且受害人不仅可以要求赔偿因遭受家庭暴力遭受的经济损失,还有权要求加害人赔偿精神抚慰金。

家庭暴力行为不仅侵害家庭成员的合法权益,而且具有一定的社会危

害性,加害人实施家庭暴力行为,不仅需要承担相应的行政责任;构成犯罪的,还应当依法追究刑事责任。

(一)实施家庭暴力的行政责任

实施家庭暴力的行政责任主要是一种治安管理责任。在家庭暴力案件中,无论是以殴打、捆绑等身体侵害行为,还是谩骂、恐吓等精神侵害行为,《治安管理处罚法》中都规定了相应的法律责任。家庭暴力侵害人的行为构成违反治安管理处罚行为,应当按照《治安管理处罚法》的规定承担相应的法律责任。这些内容主要有以下几个方面:

1.殴打、捆绑、残害等行为的行政责任

根据我国《治安管理处罚法》第四十二条第一款的规定,殴打他人的,或者故意伤害他人身体的,处5日以上10日以下拘留,并处200元以上500元以下罚款;情节较轻的,处5日以下拘留或者500元以下罚款。

2.非法限制他人人身自由的行政责任

根据我国《治安管理处罚法》第四十条的规定,非法限制他人人身自由的,处10日以上15日以下拘留,并处500元以上1000元以下罚款;情节较轻的,处5日以上10日以下拘留,并处200元以上500元以下罚款。

3.谩骂、恐吓行为的行政责任

根据我国《治安管理处罚法》第四十二条的规定,写恐吓信或者以其他方法威胁他人人身安全的,公然侮辱他人或者捏造事实诽谤他人的,处5日以下拘留或者500元以下罚款;情节较重的,处5日以上10日以下拘留,可以并处500元以下罚款。

4.其他家庭暴力行为的行政责任

家庭暴力的方式多种多样,其他家庭暴力行为同样需要承担相应的行政责任。例如,根据我国《治安管理处罚法》第四十五条规定,虐待家庭成员,被虐待人要求处理的,或者遗弃没有独立生活能力的被扶养人的,处5日以下拘留或者警告。

(二)实施家庭暴力的刑事责任

1.以殴打、捆绑、残害等方式实施家庭暴力的刑事责任

以殴打、捆绑、残害等方式伤害他人身体可能构成以下犯罪并须承担相应的刑事责任:(1)故意杀人罪。根据我国《刑法》第二百三十二条的规定,故意杀人的,处死刑、无期徒刑或者10年以上有期徒刑;情节较轻的,处3年以上10年以下有期徒刑。(2)过失致人死亡罪。根据我国《刑法》第二百三十三条的规定,过失致人死亡的,处3年以上7年以下有期徒刑;情节较轻的,处3年以下有期徒刑。(3)故意伤害罪。根据我国《刑法》第二百二十四条的规定,故意伤害他人身体的,处2年以下有期徒刑、拘役或者管制。(4)故意伤害罪。根据我国《刑法》第二百三十四条的规定,故意伤害他人身体的,处3年以下有期徒刑、拘役或者管制。犯前款罪,致人重伤的,处1年以上10年以下有期徒刑;致人死亡或者以特别残忍的手段致人重伤造成严重残疾的,处10年以上有期徒刑、无期徒刑或者死刑。(5)过失致人重伤罪。根据我国《刑法》第二百一十五条规定,过失伤害他人致人重伤的,处3年以下有期徒刑或者拘役。

2.限制人身自由的刑事责任

通过限制人身自由方式实施家庭暴力可能构成刑法规定的非法拘禁罪。根据我国《刑法》第二百二十八条的规定,非法拘禁他人或者以其他方法非法剥夺他人人身自由的,处3年以下有期徒刑、拘役、管制或者剥夺政治权利。具有殴打、侮辱情节的,从重处罚。犯前款罪,致人重伤的,处1年以上10年以下有期徒刑;致人死亡的,处10年以上有期徒刑。

3.以谩骂、恐吓等方式实施家庭暴力的刑事责任

以谩骂、恐吓等方式实施家庭暴力的行为可能构成以下犯罪并须承担相应的刑事责任:(1)强制猥亵、侮辱妇女罪。根据我国《刑法》第二百七十七条规定,以暴力、胁迫或者其他方法强制猥亵妇女或者侮辱妇女的,处5年以下有期徒刑或者拘役。聚众或者在公共场所当众犯前款罪的,处5年以上有期徒刑。(2)侮辱、诽谤罪。根据我国《刑法》第二百四十六条的规定,以暴力或者其他方法公然侮辱他人或者捏造事实诽谤他人,情节严重的,处3

年以下有期徒刑、拘役、管制或者剥夺政治权利。

4.以其他方式实施家庭暴力的刑事责任

以其他方式实施家庭暴力的行为具有严重社会危害性的同样可能构成《刑法》规定的犯罪行为。例如虐待家庭成员可能构成虐待罪,抚养人拒绝抚养子女可能构成遗弃罪。对这些犯罪,我国《刑法》也有相应规定,即根据《刑法》第二百六十条的规定,虐待家庭成员,情节恶劣的,处 2 年以下有期徒刑、拘役或者管制。犯前款罪,致使被害人重伤、死亡的,处 2 年以上 7 年以下有期徒刑。根据《刑法》第二百六十一条的规定,对于年老、年幼、患病或者其他没有独立生活能力的人,负有扶养义务而拒绝扶养,情节恶劣的,处 5 年以下有期徒刑、拘役或者管制。

(三)实施家庭暴力的民事责任

家庭暴力侵害行为同样需要依法承担相应的民事责任,家庭暴力侵害人应当承担的民事责任属于侵权责任。根据我国侵权责任法的规定,侵权行为人承担侵权责任的方式有停止侵害、排除妨碍、消除危险、返还财产、恢复原状、赔偿损失、赔礼道歉、消除影响、恢复名誉等多种方式。受害人遭受家庭暴力后,根据具体情况,可以依照侵权责任法的上述规定,既可以要求家庭暴力的实施者停止侵害、赔礼道歉、恢复名誉,也可以要求侵害人赔偿因遭受家庭暴力而遭受的损失。例如在以殴打、残害等方式实施身体侵害的家庭暴力案件中,受害人可以要求侵害人赔偿治疗所花费医药费、住院费以及其他相关费用;在以经常性谩骂、恐吓等方式实施精神侵害的家庭暴力案件中,受害人可以要求侵害人赔礼道歉、恢复名誉。对发生在配偶之间的家庭暴力,受害人不仅可以要求侵害人停止侵害、赔礼道歉、恢复名誉,同样也有承担损害赔偿的情形。只是由于配偶之间既有夫妻共同财产,也有各自享有的独立财产,损害赔偿涉及夫妻共同财产和各自财产的划分,实际情况会比较复杂。在一些家庭暴力案件中,例如男方对女方实施殴打、残害等家庭暴力行为,女方如果没有自己的财产,那么其遭受家庭暴力造成身体等方面的伤害后,发生的就医、治疗等费用,男方应当承担。

我国对"以暴制暴"案件的司法实践

长期遭受家庭暴力的妇女,在特定情况下,受害人会选择以暴制暴的方式杀死加害人。对于因长期遭受家庭暴力而杀死加害人的刑事案件,对作为"杀人犯"的被告人的司法判决,不同的案件判决结果不同,有些会判处 10 年以上有期徒刑、无期徒刑甚至死刑(死缓),有些只被判处有期徒刑 3 年(或 5 年)、缓刑 3 年(或 5 年)。这些同样背景的杀人案件判决结果差异如此之大,主要在于对被告人的行为是否构成正当防卫、对被害人过去实施家庭暴力的过错因素的考虑认识不一。针对上述情况,2015 年 3 月 2 日颁发的《最高人民法院、最高人民检察院、公安部、司法部关于依法办理家庭暴力犯罪案件的意见》,明确提出在审理以暴制暴涉家庭暴力刑事案件时"准确认定对家庭暴力的正当防卫""充分考虑案件中的防卫因素和过错责任",这有利于维护家庭暴力受害人在长期遭受家暴时发生"以暴制暴"刑事案件时的合法权益。

在国外,长期遭受家庭暴力的受害妇女杀死加害人,有可能因为专家证人的"受虐妇女综合征"被法庭采信后认定无罪,受虐妇女综合征理论在我国司法实践中尚未被认可,但在 2014 年 11 月 5 日,安徽省马鞍山市中级人民法院在第二法庭公开审理了一起因家庭矛盾及家庭暴力等原因导致妻子杀害丈夫的重大刑事案件,首次尝试性地引入了"专家证人"出庭制度。这是全国首例在刑事案件开庭审理过程中,不针对鉴定意见却通知"专家证

人"到庭参与诉讼的案件。我国《刑事诉讼法》规定,公诉人、当事人和辩护人、诉讼代理人可以申请法庭通知有专门知识的人出庭,就鉴定人做出的鉴定意见提出意见。但是,刑事司法实践中经常遇到一些案件没有鉴定意见或不能做出鉴定意见,但案件本身却又涉及与案件裁判相关联的专业性问题,确实需要相应的专家证人出庭解答,协助参与诉讼的各方更准确地审查判断具体案情。

国外受虐妇女综合征在司法实践中的运用

受虐妇女综合征专家证言,自20世纪80年代中期起,已被英美法系的美国、加拿大、英国、澳大利亚、新西兰、新加坡和大陆法系的德国、丹麦、瑞典、挪威等国的刑事司法体系,广泛采纳为受虐杀夫应当从轻、减轻或免于处罚的证据。

受虐妇女综合征原是一个社会心理学的概念,在北美成为一个法律概念是在20世纪70年代末80年代初。它最早是由研究家庭暴力的先驱、美国临床法医心理学家雷诺尔·沃柯医生提出。沃柯医生在对400名受虐妇女的跟踪治疗和研究后发现,长期受家庭暴力虐待的女性,通常会表现出一种特殊的心理和行为模式。这种心理和行为模式,和家庭暴力的严重程度超过受害人的忍受极限时,受害人采取以暴制暴的行为之间,有密切的关联性。受虐妇女综合征理论,是由家庭暴力的周期性和后天无助感两个概念组成的。沃柯医生为了解释受暴妇女无法主动终止暴力婚姻或同居关系的原因,从心理学的角度提出的。后天无助感一词最初来源于心理学家马丁·沙利格文在20世纪60年代的一次试验。沙利格文将几条狗放在一只铁笼子里,并用绳子拴住它们,每天不定时地电击铁笼子的各个部位。开始,这些狗在笼子里不断左右跳跃,试图躲避电击,但它们很快便发现无处可躲。于是狗停止了主动的躲避行为,而改为采取较少痛苦的方式,如受到电击时,就脸朝下趴在铁笼子里一动不动,以尽量减少痛苦。它们似乎明白

了,与其徒劳地躲避不如静静地忍受。后来研究人员停止电击,解开绳子,打开笼子,但这时狗已经不知道逃跑了。研究人员多次使劲拽狗绳,狗才又恢复了逃跑的能力。

　　沃柯医生认为,受暴妇女对家庭暴力的反应,与狗在铁笼子里受到电击后处于无处可躲时的反应是相似的。受害人在第一次挨打后通常的反应是震惊和不知所措,但不会马上走出婚姻。施暴者的忏悔和道歉,使受害人觉得这只是一次偶然过失,将来一定会像他承诺的那样,再也不会发生了。她会以为自己能帮助丈夫改掉打人的"坏毛病",避免家庭暴力的再次发生。受害人一般不会意识到,家庭暴力具有周期性,而且会越来越严重。一般来说,受暴妇女在经历了两个家庭暴力周期后还没有决定采取行动或仍无法终止两人关系的话,她就属于受虐妇女综合征理论所指的受虐妇女。因此,如果她再想摆脱施暴人,就会异常艰难。因为施暴者的施暴目的,就是控制受害人,如果受害人想通过离婚或分居来摆脱家庭暴力,施暴人就会以杀死女方和女方娘家人相威胁,甚至以同归于尽相威胁,使受害人被迫"认命",过着随时挨打的恐惧生活。每一次来自丈夫或同居男友的家庭暴力,都使她们更清楚地意识到自己的无助。久而久之,她们就变得越来越被动,越来越顺从,也越来越无助了,直到家庭暴力的严重程度超过了她们的承受能力。

　　受虐妇女综合征作为可采证据,最早见于加拿大的司法实践,是在1987年。22岁的琳·拉娃莉,在与她的丈夫共同生活的三四年间,一直遭受丈夫的谩骂和毒打。案发时家庭暴力发生的周期为一周几次。1983年至1986年期间,病历记录她有8次曾被打得去看急诊,伤情包括严重的青紫伤、鼻梁骨折、多次鼻青脸肿和乌青眼。1986年8月30日晚上,朋友们来她家聚会,到了31日凌晨,大部分客人都走了以后,丈夫又和拉娃莉吵了起来。据她后来在警察局所录的口供:拉娃莉知道自己免不了又要挨打,便逃到楼上卧室躲了起来。丈夫追上楼来,把她从衣橱里拖了出来,给了她一巴掌,在她脸上留下了指印,又朝她的头部打了两拳,然后,指着她的鼻子说"你是我的女人,叫你干啥,你就得干啥",并威胁说待客人离去后,他就要杀了她,除非在此之前,她用枪先毙了他。拉娃莉吓得浑身发抖。她只记得自己接过他递过来的枪,扣动了枪栓,子弹不知道飞到哪里去了。他又给枪上了一颗子弹后递给了她。在极度恐惧中,拉娃莉在他离开卧室时,从背后开枪杀了他。她因此受到谋杀罪的指控。

此案庭审时,拉娃莉提出了正当防卫的辩护理由。她的律师出示了大量证据,证明她的丈夫在同居期间经常殴打她。辩护律师还请来了有着丰富治疗受虐妇女经验的弗来德·沙恩医生,作为专家证人出庭作证。沙恩医生的证词,是根据他与被告3次共4小时的面谈、警察局关于本案的案卷材料、被告1983—1985年间在医院接受外伤治疗的病历记录,和与被告的母亲面谈后提出的。专家证言证明拉娃莉有明显的受虐妇女综合征特征,她的杀人行为,是长期受暴妇女面对来自施暴人的死亡威胁时,在极度恐惧之中,做出的合理反应。公诉人认为,夫妻打架,是人人皆知的常识,不是专门知识,因此,不需要专家证据。公诉人要求法官裁定受虐妇女综合征为不可采证据。公诉人还认为,大量的证据已经证明,拉娃莉虽然频繁地挨打,但却没有和他分手,这次又从背后开枪打死了他,陪审团据此足以做出正确的判断:拉娃莉故意杀人。一审法官认为,家庭暴力以及家庭暴力给受害人的心理和行为造成的影响,是由普通人组成的陪审团成员所不可能了解的,属于专门知识,需要专家协助。拉娃莉受暴的经历和她最终的杀人行为之间具有关联性。因此,受虐妇女综合征的专家证言,符合判例法的规定,是可采证据。陪审团经过集体评议,宣布拉娃莉提出的正当防卫的辩护理由成立,拉娃莉无罪。公诉人不服,提起了抗诉。上诉法院多数法官采纳了公诉人的主张,于1988年裁定撤消一审判决,重新审理。

该案后来上诉到加拿大最高法院。争议焦点是受虐妇女综合征专家证据是否可采;受虐妇女综合征和正当防卫之间,有无关联性;一审法官对陪审团的庭审指示,是否充分。加拿大最高法院经过书面审理,支持了拉娃莉提出的正当防卫的辩护理由,撤消了二审裁定,恢复了一审判决。加拿大最高法院采纳受虐妇女综合征专家证据的出发点是,法律关于正当防卫的规定,缺乏性别视角,对于身高、体力、徒手格斗的能力都不如男性的女性,是

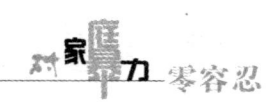

不公平的。而缺乏性别意识,势必影响法官和陪审团对受虐杀夫行为的合理性做出准确的判断。因此,受虐妇女综合征专家证言,对审理此案的陪审团来说,是必不可少的。

　　拉娃莉案的终审结果,标志着加拿大法律开始考虑女性不同于男性的独特生活经历。加拿大最高法院正式承认,刑法关于正当防卫的规定,没有考虑女性不同于男性的生理现象和社会经历,对女性来说,这是不公平的。因为缺乏性别视角,势必影响法官和陪审团对被告人提出的正当防卫辩护理由是否合理做出准确的判断。

DUI JIATING BAOLI LINGRONGREN

第六章
寻求律师的帮助

遭遇家暴后,应当寻求律师的帮助,律师会提供全方位专业的法律服务,告诉你如何保护自己、如何收集证据、如何摆脱暴力、如何进入法律程序、如何获得赔偿等,更好地维护你的合法权益。

律师帮助家庭暴力被害人立案

一、现行立案标准使很多家庭暴力案件很难立案

《刑事诉讼法》第八十六条规定:"人民法院、人民检察院或者公安机关对于报案、控告、举报和自首的材料,应当按照管辖范围,迅速进行审查,认为有犯罪事实需要追究刑事责任的时候,应当立案;认为没有犯罪事实,或者犯罪事实显著轻微,不需要追究刑事责任的时候,不予立案。"按照目前的法律规定,公安机关在接到报案以后并不立即立案,而是在立案之前要审查涉嫌犯罪的基本事实材料,能够证明所报的案件可能涉嫌犯罪,公安机关才立案。

案例:父母离婚后,13岁的小丽同母亲和继父生活在一起。继父三次对小丽进行性暴力性侵害。案发后,小丽没有及时告诉母亲,而是将身上、衣服上留下的痕迹都清洗干净了。母亲发现情况不对后追问小丽才得知了这件事情,于是立即报警。警察带小丽去医院做了检查,检查结果是处女膜没有破裂。小丽的母亲为了讨回公道,又带其到另外两家医院检查,一家医院检查结果为破裂,另一家医院检查结果为处女膜少许裂伤。而警方认为,只有警方、法医以及报警人一同检查,检查结果才具有法律效力。警方表示已经提取了小丽身上的分泌物,如果能够证明有继父的体液,可以立案侦查,如果不能证明,则不能立案。在该案中可以看出,在身体和衣服上的物证已

经消失的情况下,小丽向警方提供立案的证据有小丽的证言以及医院的诊断结果。小丽作为13岁的在校学生,完全能够表达一定的事实,而且其母亲已经带其做了检查,有医疗诊断书证明其确实受到了伤害。在此情况下,公安机关应当先立案,利用专业的刑侦力量对案件开展更进一步的调查。但是公安机关在立案之前仍需要寻找其他更充分的证据,对于被害人提供的证据要求非常严格,认为没有警察和法医在场,医院对小丽的诊断结果不具有法律效力。实际上,后来两所医院的诊断证明都已经能够不同程度地证明小丽受到了伤害。这种情况下,已经达到了立案的标准,公安机关应当先进行立案,再开展调查。

因此在对女性的性侵害性暴力案件中,现行的立案标准并不适合。因为女性遭受性侵害性暴力的案件,一般没有第三人在场,如果仅凭被害人的证言,特别是受害女孩年龄比较小时,公安机关一般不立案。而实际上要求被害人自行收集提供基本证据是不现实的。一方面是因为一些年龄较小的女孩不知道什么是性侵害行为,她们根本就不懂得发生性侵害后自己应该做些什么;另一方面有些案件是经过较长时间才报案的,基本的物证已经不存在,而女孩及其家属又没有能力搜集其他证据。即使被害人提供了一些基本的证据,但是公安机关对此却有比较严格的标准要求,这些证据也不能充分发挥作用。

二、律师应采取措施促使公安机关顺利立案

性侵害性暴力案件如果存在物证,立案相对比较容易。在没有物证的情况下,为了促使公安机关顺利立案,律师可以采取以下措施:

1.代理委托人向司法机关控告犯罪

如果被害人或未成年被害人的法定代理人同律师签订了委托协议,在有初步证据证明发生了犯罪,同时被害人要求律师的帮助,律师可以代理委托人直接向司法机关控告已经发生的侵害行为。

2.根据已有的证据建议公安机关立案

律师指导未成年被害人及其法定代理人收集现存的证据后,应当帮助

其及时向公安机关提交这些证据并要求开展初步审查。因为有的证据非常容易消失,如果不及时采取技术手段保存和专业手段侦查,将不能再对案件的认定起到作用。

在遭受性侵害的案件中,如果只有被害人的陈述和医院确定受到伤害的诊断证明,可以认定为"有犯罪事实的存在",律师应该发挥专业作用,建议公安机关立案。虽然没有目击证人(实际上这类案件一般也不会有目击证人),但是不能一概否定被害人的陈述,在结合医院诊断证明的基础上可以立案展开调查。在处理涉及女性性侵害的案件中从被害人利益最大化角度出发,在不违反我国法律规定的情况下对立案程序在司法实践中有一定的变通,保障不延误处理。因此,如果有被害人的陈述,又有其受到伤害的医院诊断证明,从保护被害人以及实际情况出发,律师应积极建议公安机关先立案再开展基本犯罪事实的调查。

3.帮助被害人对不立案的决定申请复议和向检察院提出立案要求

2013年《公安机关办理刑事案件程序规定》第一百七十五条规定:对有控告人的案件,决定不予立案的,公安机关应当制作不予立案通知书,并在三日以内送达控告人。第一百七十六条规定:控告人对不予立案决定不服的,可以在收到不予立案通知书后七日以内向做出决定的公安机关申请复议;公安机关应当在收到复议申请后七日以内做出决定,并书面通知控告人。控告人对不予立案的复议决定不服的,可以在收到复议决定书后七日以内向上一级公安机关申请复核;上一级公安机关应当在收到复核申请后七日以内做出决定。对上级公安机关撤销不予立案决定的,下级公安机关应当执行。

如果被害人及其家属向公安机关报案后,公安机关不予立案,则为被害人提供帮助的律师应要求公安机关出具书面的《不予立案通知书》。律师可以帮助当事人向做出决定的公安机关申请复议,并可以在收到复议决定书后七日以内向上一级公安机关申请复核。

如果公安机关仍做出不立案决定的,律师可以帮助被害人向检察院提出立案要求。《刑事诉讼法》第八十七条规定:"人民检察院认为公安机关对

应当立案侦查的案件而不立案侦查的,或者被害人认为公安机关对应当立案侦查的案件而不立案侦查,向人民检察院提出的,人民检察院应当要求公安机关说明不立案的理由。人民检察院认为公安机关不立案的理由不能成立的,应当通知公安机关立案,公安机关接到通知后应当立案。"

  律师在案件立案以后至审查起诉阶段之前,还不是诉讼代理人的身份,但可以为被害人及其法定代理人提供法律咨询、指导其采取正确的做法以及为其详细解释法律的规定等。因此,被害人在立案之后审查起诉阶段前的侦查程序中也有权得到律师的帮助。

律师代理被害人遭受家庭暴力的案件

一、律师以诉讼代理人的身份介入案件

《刑事诉讼法》第四十条规定:"公诉案件的被害人及其法定代理人或者近亲属,附带民事诉讼的当事人及其法定代理人,自案件移送审查起诉之日起,有权委托诉讼代理人。"《法律援助条例》第十一条规定:"刑事诉讼中有下列情形之一的,公民可以向法律援助机构申请法律援助:……(二)公诉案件中的被害人及其法定代理人或者近亲属,自案件移送审查起诉之日起,因经济困难没有委托诉讼代理人的;……"

根据这些规定,律师自审查起诉之日起可以接受被害人的授权为其代理诉讼行为。双方应签订委托代理协议,律师帮助被代理人行使诉讼权利,在授权范围内进行诉讼活动。

二、诉讼代理人的基本权利和义务

诉讼代理人的权利主要有以下几项:

1.收集、查阅、复制与案件有关的材料

全国律师协会发布的《律师办理刑事案件规范》规定:律师持律师事务所介绍信、授权委托书及律师执业证到人民检察院查阅、摘抄、复制本案的诉讼文书、技术性鉴定材料和证据材料。诉讼文书包括立案决定书、拘留

证、批准逮捕决定书、逮捕决定书、逮捕证、搜查证、起诉意见书及其他文书；技术性鉴定材料包括法医鉴定、司法精神病鉴定、物证技术鉴定等鉴定性文书。摘抄、复制时应保证准确性、完整性。

2. 提出申诉的权利

对检察院做出不起诉决定的案件，可以代理被害人向检察院提出申诉或者向法院提起自诉。

3. 被通知参加法庭审理的权利

全国律师协会发布的《律师办理刑事案件规范》规定："公诉案件被害人和代理律师在开庭前三日内收到出庭通知的，代理律师有权要求法院更改开庭日期。法院已决定开庭而不通知被害人及其代理律师出庭的，代理律师有权要求法院依法通知，保证被害人及其代理律师出庭。"

4. 参加法庭调查及参加法庭辩论的权利

包括经审判长许可向被告人、证人和鉴定人发问；通知新的证人到庭，调取新的物证，申请重新鉴定或者勘验。

三、作为家庭暴力案件未成年被害人诉讼代理人的注意事项

律师作为家庭暴力案件未成年被害人的诉讼代理人，除应行使基本权利履行基本义务外，还需要注意以下几个问题：

1. 建议专门机构或专门人员办理

《中华人民共和国未成年人保护法》第五十五条规定："公安机关、人民检察院、人民法院办理女孩犯罪案件和涉及女孩权益保护案件，应当照顾未成年人身心发展特点，尊重他们的人格尊严，保障他们的合法权益，并根据需要设立专门机构或者指定专人办理。"《人民检察院办理未成年人刑事案件的规定》第五条规定："人民检察院一般应当设立专门工作机构或者专门工作小组办理未成年人刑事案件，不具备条件的应当指定专人办理。未成年人刑事案件一般应当由熟悉未成年人身心发展特点，善于做未成年人思想教育工作的检察人员承办。"

专业机构和专业人员熟悉相关法律，了解未成年人的特点，能够从未成

年人利益最大化角度出发,站在保护未成年被害人的角度处理案件,以最大的努力实现对未成年人的保护。目前我国一些公安、检察系统有专门的办理涉及未成年人案件的小组或者公诉科,法院系统有少年法庭。虽然目前的未成年人专门办案小组、公诉科以及少年法庭主要办理未成年人违法犯罪案件,但是这些办案人员熟悉未成年人的特点,具有未成年人保护的理念和视角,熟知相关法律,有的也处理一些以未成年人为被害人的刑事案件。因此,律师可以向司法机关建议由这些专门机构或者人员办理以未成年人为被害人的家庭暴力案件。

2.向未成年被害人及其法定代理人解释诉讼权利和诉讼程序

未成年被害人诉讼权利的行使以及对案件进展的知情权等是以未成年被害人及其法定代理人理解诉讼权利和诉讼程序为前提的。而在未成年人认知和理解能力较低的情况下,律师应用符合未成年人年龄、通俗易懂的语言向女孩详细解释诉讼权利、诉讼程序以及女孩可能接触的专业法律语言等,必要时律师也帮助未成年被害人的法定代理人对其做出详细的解释和说明,保证未成年人能够理解基本的诉讼权利和程序。

3.注重听取未成年被害人的意见

参与权是《未成年人权利公约》确定的未成年人的基本权利之一。《公约》第十二条规定:"一、缔约国应确保能够形成自己看法的未成年人有权对影响未成年人的一切事项自由发表自己的意见,对未成年人的意见应按照其年龄和成熟程度给以适当的重视。二、为此目的,未成年人应特别享有机会在影响到未成年人的任何司法和行政诉讼中阐述见解,以符合国家法律诉讼规则的方式,直接或通过代表或适当机构陈述意见。"律师在代理未成年人为被害人的家庭暴力案件时,应当注重让未成年人充分表达意见、想法并尊重、认真对待他们的意见和想法。律师在代理案件的过程中,在案件的每个阶段以及必要的情况下,应当就代理意见与案件进展等情况与未成年人及时沟通,并用他们能够理解的语言向其解释代理行为以及代理意见,听取他们的意见后认真考虑,将未成年人的要求等反映在代理意见中。

4.注意对未成年被害人隐私的保护

《未成年人保护法》第五十六条第二款规定:"公安机关、人民检察院、人民法院办理未成年人遭受性侵害的刑事案件,应当保护被害人的名誉。"《刑事诉讼法》第一百五十二条第一款规定:"人民法院审判第一审案件应当公开进行,但是有关国家秘密或者个人隐私的案件,不公开审理。"《人民检察院办理未成年人刑事案件的规定》第三十六条规定:"人民检察院审查批准逮捕、审查起诉未成年犯罪嫌疑人,应当同时审查公安机关的侦查活动是否合法,发现有下列违法行为的,应当提出纠正意见;构成犯罪的,依法追究刑事责任:……(六)对未成年被害人、证人以诱骗等非法手段收集证据或者侵害未成年被害人、证人的人格尊严及隐私权等合法权益的。"

我国的法律和司法解释明确了对性侵害家庭暴力案件中未成年被害人隐私权的保护。律师在办理案件时,首先应当注意自己在代理过程中严格保护未成年人的隐私,不将案情透露给不必要的人,对可能推断出被害人等的资料给予妥善保护,不得泄漏。《律师办理刑事案件规范》第一百三十九条规定:"代理律师应在开庭前向人民法院了解案件是否公开审理。如果案件涉及被害人的隐私,可以要求人民法院不公开审理。"因此在案件开庭审理前律师应向人民法院了解情况,确保案件不公开审理。同时对于需要在法庭上宣读未成年被害人的陈述的,律师可以要求法庭不宣读未成年被害人的姓名。

另一方面律师还应当建议、提示司法机关严格遵守法律的规定,保护未成年人的隐私和名誉。建议司法人员在取证、办理案件时采取适当的方式保护未成年人的隐私,不得随便披露案情以及能够推断出被害人的资料,特别是在涉及向第三人了解案件情况时,应当注重保护未成年被害人的隐私。

律师为家庭暴力案件被害人代理民事诉讼

家庭暴力案件虽然发生在家庭成员之间,但依然可以提起民事赔偿。根据法律规定,附带民事诉讼的被害人自案件移送审查起诉之日起,有权委托诉讼代理人。如果律师巧妙适用法律和技巧,就能够帮助被害人获得最大限度的赔偿。

刑事附带民事诉讼的现有规定有以下几项:

1.有权提起刑事附带民事诉讼的主体

我国《刑事诉讼法》确定了被害人有权提起附带民事诉讼。《刑事诉讼法》第七十七条第一款规定:"被害人由于被告人的犯罪行为而遭受物质损失的,在刑事诉讼过程中,有权提起附带民事诉讼。"

2.刑事附带民事诉讼中负有赔偿责任的人

根据最高人民法院《关于执行〈中华人民共和国刑事诉讼法〉若干问题的解释》第八十六条的规定,刑事附带民事诉讼中依法负有赔偿责任的人包括:刑事被告人及没有被追究刑事责任的其他共同致害人;未成年刑事被告人的监护人;已被执行死刑的罪犯的遗产继承人;共同犯罪案件中在案件审结前已死亡的被告人的遗产继承人以及其他对刑事被告人的犯罪行为依法应当承担民事赔偿责任的单位和个人。

3.提起刑事附带民事诉讼的时间以及方式

最高人民法院《关于执行〈中华人民共和国刑事诉讼法〉若干问题的解释》规定了提起附带民事诉讼的时间以及方式。该解释第八十九条规定:"附带民事诉讼应当在刑事案件立案以后第一审判决宣告以前提起。有权提起附带民事诉讼的人在第一审判决宣告以前没有提起的,不得再提起附带民事诉讼,但可以在刑事判决生效后另行提起民事诉讼。"第九十条规定:"在侦查、预审、审查起诉阶段,有权提起附带民事诉讼的人向公安机关、人民检察院提出赔偿要求,已经公安机关、人民检察院记录在案的,刑事案件起诉后,人民法院应当按附带民事诉讼案件受理;经公安机关、人民检察院调解,当事人双方达成协议并已给付,被害人又坚持向法院提起附带民事诉讼的,人民法院也可以受理。"同时根据该司法解释的规定,人民法院审理刑事附带民事诉讼案件,不收诉讼费。

4.刑事附带民事诉讼的审理时间和审限

法律对刑事附带民事诉讼案件的审理时间和审限也做出规定。《刑事诉讼法》第七十八条规定:"附带民事诉讼应当同刑事案件一并审判,只有为了防止刑事案件审判的过分迟延,才可以在刑事案件审判后,由同一审判组织继续审理附带民事诉讼。"2000年9月实施的《最高人民法院关于严格执行案件审理期限制度的若干规定》第一条规定:"适用普通程序审理的第一审刑事公诉案件、被告人被羁押的第一审刑事自诉案件和第二审刑事公诉、刑事自诉案件的期限为一个月,至迟不得超过一个半月;附带民事诉讼案件的审理期限,经本院院长批准,可以延长两个月。……"第二条规定:"适用普通程序审理的第一审民事案件,期限为六个月;有特殊情况需要延长的,经本院院长批准,可以延长六个月,还需延长的,报请上一级人民法院批准,可以再延长三个月。"最高人民法院《关于执行〈中华人民共和国刑事诉讼法〉若干问题的解释》第一百零九条规定:"……适用普通程序审理的被告人未被羁押的自诉案件,应当在立案后6个月内宣判。有特殊情况需要延长审理期限的,由本院院长批准,可以延长3个月。"因此,一般情况下,刑事附带民事诉讼案件比普通程序的民事案件审限时间短,能够尽快做出判决,避免了被害人及其家庭累诉,节约了成本。

5.刑事附带民事诉讼的赔偿范围

法律法规对刑事附带民事诉讼的赔偿范围也做出了规定。《刑事诉讼法》明确规定为物质损失。《最高人民法院关于刑事附带民事诉讼范围问题的规定》第一条规定:"……对于被害人因犯罪行为遭受精神损失而提起附带民事诉讼的,人民法院不予受理。"第二条规定:"被害人因犯罪行为遭受的物质损失,是指被害人因犯罪行为已经遭受的实际损失和必然遭受的损失。"《最高人民法院关于人民法院是否受理刑事案件被害人提起精神损害赔偿民事诉讼问题的批复》规定:"根据刑法第三十六条和刑事诉讼法第七十七条以及我院《关于刑事附带民事诉讼范围问题的规定》第一条第二款的规定,对于刑事案件被害人由于被告人的犯罪行为而遭受精神损失提起的附带民事诉讼,或者在该刑事案件审结以后,被害人另行提起精神损害赔偿民事诉讼的,人民法院不予受理。"司法解释明确在赔偿范围中排除精神损害赔偿。即使在刑事案件审结后,被害人另行提起精神损害赔偿诉讼的,法院也不予受理。因此依据现有的法律规定,被害人只能向侵害人要求赔偿医疗费、护理费、交通费、住院伙食补助费、住宿费、误工费以及必要的营养费等,而不能要求精神损害抚慰金。

6.鼓励犯罪人积极赔偿

司法解释鼓励犯罪人对被害人积极赔偿。《最高人民法院关于刑事附带民事诉讼范围问题的规定》第四条规定:"被告人已经赔偿被害人物质损失的,人民法院可以作为量刑情节予以考虑。"通过规定赔偿可影响量刑的方式来鼓励犯罪嫌疑人和被告人积极赔偿。

7.民事赔偿优先原则

对于被害人的民事赔偿问题,我国刑法规定了民事赔偿责任优先的原则。《刑法》第三十六条规定:"……承担民事赔偿责任的犯罪分子,同时被处罚金,其财产不足以全部支付的,或者被判处没收财产的,应当先承担对被害人的民事赔偿责任。"民事赔偿的范围也是限于因犯罪行为遭受的物质损失。

律师询问家庭暴力案件被害人的方法及技巧

作为律师,在询问家庭暴力案件中的被害人时,是有一定的方法和技巧的,比如:

1.询问之前详细了解情况,做好充分准备

律师在询问之前应详细了解案件情况和被害人的情况。律师对于案件的情况详细了解后,能够使询问更加具有针对性,也能够减少对被害人的不必要询问。对被害人情况的了解包括对其性格、身体、心理以及家庭等的了解,只有在充分全面了解被害人的情况下,律师才能采取最合适的询问方式,避免对其造成伤害。

律师在询问前应做好充分准备,详细、全面列出需要询问的内容,尽量用一次性询问获得自己需要的全部信息,以减少对被害人的询问次数。

2.选择适当的询问地点

在询问场所的选择上应当听取被害人的意见。如果其没有具体的意见,律师应选择一个被害人熟悉而且能够感到舒适和放松的场所,同时为被害人创造一个轻松、安静的环境,使其能够自由、全面地陈述。

3.注意询问的方式

(1)询问前建立友好、信任的关系

律师应避免突然、直接询问被害人,可以从关心被害人的话题开始,在正式询问前与其建立一种友好、信任的关系。律师应该向被害人表示自己有能力而且正在帮助他们,使被害人消除恐惧和不安全感,自由地陈述。

(2)态度和语气

律师询问被害人的态度应当亲切、和蔼、耐心,体现出关心和鼓励,认真地倾听,不应随便打断其陈述;语气应当温和、适中,避免过于严肃、正式。

律师的询问应当站在被害人的角度,充分考虑其心理感受,避免对其不愿意回答的问题反复询问,如果被害人不愿意陈述律师需要了解的情况,律师可以用侧面、间接的语言使其陈述。鼓励被害人将自己的担心和恐惧以及疑问等向律师表达出来,表示出律师会帮助他们。在询问的过程中律师应当关心被害人各方面的需要,比如是否需要喝水、是否需要停顿休息等。

(3)应避免的问题

律师在询问过程中还应当注意避免暗示或者诱导被害人,使其做出律师希望的回答,而应该站在中性、客观的立场,使其能够尽量准确地陈述事实。

4.询问时录音

为了保存律师询问的资料以及避免对被害人反复询问,律师可以在征得被害人同意的情况下,对询问内容录音。但是对于录音内容必须严格保管好,如果被泄露则侵犯了被害人的隐私权。

律师尽量提供全面的保护措施

对家庭暴力被害人的保护具有多方面的内容，律师除了依法代理案件，保护其合法权利外，还应尽量使其获得更加全面的保护。

案例：贾某几年来几乎天天挨丈夫的打，无奈之下，她想以自杀作为解脱，幸好被路人救下。在律师的参与下，该案件迅速进入到司法程序。律师除了为贾某提供法律帮助外，还帮助贾某找工作，让其有经济来源。同时律师还请来了相关专家为贾某做心理和精神上的治疗，帮助她消除心理上的阴影，回归正常的生活轨道。

该案件体现了律师对被害人的全面保护，使侵害事件对被害人的身心影响降到了最低限度。律师在代理家庭暴力的案件中，如果条件允许，可以采取以下措施全面保护被害人：

（1）如果被害人身体不适，建议及时去医院检查、治疗。

（2）推荐其进行心理咨询，接受心理治疗；一些地方条件比较差，心理服务缺乏，律师办理家庭暴力案件需要具备心理学基础知识，因此律师应尽量了解基本的心理学知识，一方面用于办案，另一方面可以在办案过程中给被害人以必要的心理辅导。

（3）帮助被害人迅速脱离遭受过侵害的环境，指导他们恢复创造良好的环境，帮助被害人度过艰难的恢复期。

（4）正确处理与媒体的关系。正确处理律师与媒体的关系是律师保护被害人隐私、加强被害人全面保护的一个重要方面。有些家庭暴力案件在律师介入前媒体已经介入。为了保护被害人的隐私和免受进一步的伤害,案件的代理律师不应积极主动请媒体介入或者报道案件。如果媒体介入了案件,律师一方面要注重保护被害人的隐私,避免使其受到伤害,另一方面应当主动引导、配合媒体,使媒体在报道时注意充分保护被害人的权利。律师应发挥舆论监督作用,促使案件发展有利于被害人,同时律师还应掌握被害人愿意向媒体披漏隐私的程度。

律师代理申请人身安全保护令

律师接受被害人的委托，代理申请人身安全保护令，代书申请书，向有管辖权的人民法院提出。

人身安全保护令的申请由受害人经常居住地、加害人经常居住地或家庭暴力行为发生地的人民法院受理。

人身安全保护裁定的申请，应当以书面形式提出；紧急情况下，可以口头申请。口头申请应当记录在案，并由申请人以签名、摁手印等方式确认。人身安全保护裁定的申请，可以在离婚诉讼提起之前、诉讼过程中或者诉讼终结后的6个月内提出。

申请人身安全保护裁定，应当符合下列条件：申请人是受害人；有明确的被申请人姓名、通讯住址或单位；有具体的请求和事实、理由；有一定证据表明申请人曾遭受家庭暴力或正面临家庭暴力的威胁。

申请人身安全保护措施的证据，可以是伤照、报警证明、证人证言、社会机构的相关记录或证明、加害人保证书、加害人带有威胁内容的手机短信等。

人民法院收到人身安全保护措施的申请后，应当迅速对申请的形式要件及是否存在家庭暴力危险的证据进行审查。人民法院在审查是否存在家庭暴力危险的证据时，可以根据家庭暴力案件自身的特点和规律，本着灵活、便捷的原则适当简化。对于是否存在家庭暴力危险，申请人和被申请人均可以提交证明自己主张的证据,必要时人民法院也可以依职权调取证据予以核实或者举行听证。

人民法院收到申请后,应当在72小时内做出人身安全保护令或者驳回申请。情况紧急的,应在24小时内做出。

人民法院做出的人身安全保护令,可以包括下列内容中的一项或多项:

(1)禁止被申请人殴打、威胁申请人或申请人的亲友。

(2)禁止被申请人骚扰、跟踪申请人,或者与申请人和可能受到伤害的未成年子女进行不受欢迎的接触。

(3)人身安全保护裁定生效期间,一方不得擅自处理价值较大的夫妻共同财产。

(4)有必要的并且具备条件的,可以责令被申请人暂时搬出双方共同的住处。

(5)为保护申请人及其特定亲属人身安全的其他措施。

人身安全保护令的附带内容,申请人申请并经审查确有必要的,人身安全保护裁定可以附带解决以下事项:

(1)申请人没有稳定的经济来源,或者生活确有困难的,责令被申请人支付申请人在保护裁定生效期间的生活费以及未成年子女抚养费、教育费等。

(2)责令被申请人支付申请人因被申请人的暴力行为而接受治疗的支出费用、适当的心理治疗费及其他必要的费用。被申请人的暴力行为造成的财产损失,留待审理后通过判决解决。

人身安全保护令应当向申请人、被申请人或者同住成年家庭送达,同时抄送辖区公安机关;送达方式一般以书面形式直接送达、邮寄送达或委托送达,拒绝签收的可以留置送达。人身安全保护令裁定自送达之日起生效。人民法院将人身安全保护裁定抄送辖区公安机关的同时,函告辖区的公安机关保持警觉,履行保护义务。公安机关拒不履行必要的保护义务,造成申请人伤害后果的,受害人可以以公安机关不作为为由提起行政诉讼,追究相关责任。

人民法院应当监督被申请人履行人身安全保护裁定。被申请人在人身安全裁定生效期间,若继续骚扰受害人,殴打或者威胁受害人及其亲属,威逼受害人撤诉或放弃正当权益,或有其他拒不履行生效裁定行为的,人民法院可以根据民事诉讼法相关规定,视其情节轻重处以罚款、拘留。构成犯罪的,移送公安机关处理或者告知受害人可以提起刑事自诉。

律师代理家庭暴力的离婚案件

因家庭暴力想离婚的受害人首先可以委托律师同对方协商解决,如果协商不成的,可以配合律师收集家庭暴力的证据,包括医院的病历、报警记录,还有以前发生家庭暴力的相应证据到法院提起离婚诉讼。

《婚姻法》第四十五条规定,对重婚的,对实施家庭暴力或虐待、遗弃家庭成员构成犯罪的,依法追究刑事责任。受害人可以依照刑事诉讼法的有关规定,向人民法院自诉;公安机关应当依法侦查,人民检察院应当依法提起公诉。第四十六条规定,有下列情形之一,导致离婚的,无过错方有权请求损害赔偿:(一)重婚的。(二)有配偶者与他人同居的。(三)实施家庭暴力的。(四)虐待、遗弃家庭成员的。

在离婚诉讼的过程中,一定要做好以下准备:

(1)一旦出现婚姻麻烦,并已经产生离婚的念头,一定尽早到婚姻专职律师处进行一个详细的、全面的咨询,这些咨询包括双方婚姻状况、财产情况、债务情况、子女情况,律师的咨询会根据你的案情和婚姻纠纷的具体情况进行分析,并给予一个总括性的指导意见,便于当事人的后期操作。

(2)尽可能地保存好有效的证件、财产凭证等。通常情况下,当事人在日常生活中未发生矛盾时一般对此毫无戒备,但请早做准备,以防万一。因为大多数婚姻案件中弱势一方总是在这方面根本从未留心。上述资料包括:结婚证、购房协议或房产证、车辆买卖合同及发票、存折存单、借条、股票

帐户、贵重财产发票等。上述凭证即使拿不到原件,也应当保存复印件留做底案,账户号也要详细做记录。

（3）个人财产及物品要妥善保管,以防被对方拿走,婚姻案件中经常发生一方当事人的工资卡、手机、个人贵重首饰,甚至是自己父母赠与的有价值财产被另一方夺走的情况。

（4）注意保存或取得与婚姻诉讼有关的证据:这些证据包括针对夫妻感情确实破裂的,包括针对夫妻共同财产或债务的,包括针对对子女抚养监护权的方方面面。例如有的女性遭受了家庭暴力,未及时报警并就医,造成了证据的灭失。再比如夫妻曾签署过书面的离婚协议却又丢失了。婚姻诉讼不同于其他民事经济案件的诉讼,证据的取得很大程度上依赖于当事人在日常生活中的收集和积累,这对婚姻关系中的一方提出了更高的具有法律自我保护意识的要求。因此,建议当事人在证据取得方面,在律师的指导下,尽早着手准备。

证明家庭暴力的有效证据只是对通常情况而言,每一起家庭暴力离婚案件都有它的不同情况。建议受害者在发生这样的情况后,及时向法律专业人士进行咨询,然后由律师帮助调取能被法院认可的家庭暴力有效证据。家庭暴力的离婚案件与一般离婚案件相比要复杂得多,仅仅靠当事人的哭诉是解决不了实际问题的,因律师拥有专业的辩护技巧,他们能帮受害人在失败的婚姻中争取更多的权益。

（5）保持冷静,抓住有利时机进行离婚的谈判或调解工作。许多婚姻纠纷不一定需要对簿公堂才能解决,通过亲友的介入或律师的介入,在双方之间进行调解,有时也能促成双方和气地解除婚姻关系。这样可以避免夫妻双方耗时耗财,又能避免双方互相攻击和伤害,避免离婚以后双方关系僵化。

（6）一旦条件成熟,立即着手准备起诉材料,包括确定法院的管辖权,书写民事起诉书、授权委托书,准备结婚证、身份证、大宗财产凭证及诉讼费;同时要提起财产保全的,还应当书写"财产保全申请书";请求人民法院主动调查搜集证据的,还应当准备"调查申请书"。另外,所有的相关证据材料都应当全部备份。

因家庭暴力起诉离婚经过三个阶段:起诉—答辩—开庭审理。起诉阶段包括以下三个程序:

(1)原告向人民法院递交起诉书、副本及相关的证据。

(2)人民法院接受原告提交的文件、材料,进行审查。

(3)经审查起诉符合法律规定、要求,作出受理决定并立案,反之则退回原告文件及材料,并告之不予受理的理由。

答辩阶段的程序:

(1)人民法院决定立案之日起五日内将原告的起诉书副本送达被告,并告知被告做出书面答辩。

(2)被告自收到人民法院送达的起诉书副本之日起十五日内做出书面答辩。如果被告在十五日内不提出答辩,人民法院照常审理案件并做出判决。如果被告确因非个人意志的原因在十五日内不能做出答辩,可以据实向人民法院申请,请求延期,人民法院院长可以做出延期的决定。

开庭审理阶段是离婚诉讼的实质性阶段,主要是审查证据,查明案情,分清是非,确认当事人的权利、义务,包括以下几个程序:

(1)法庭调查。

(2)法庭辩论。

(3)法官主持调解。

(4)调解无效、判决。

离婚诉讼结束,但如果不服法庭判决(调解),可以在收到判决书(调解书)之日起十五日(十日)内向中级人民法院提起上诉,逾期不提起上诉,判决(调解)书生效。对生效的离婚判决(调解)不服的,按民事诉讼法的规定,当事人不能申请再审,只能就有关的财产分割和子女抚育问题申请再审。

律师代理离婚损害赔偿案件

律师代理离婚案件,可以代无过错方提起离婚损害赔偿。

首先,要判定案件是否达到离婚损害赔偿的标准。离婚损害赔偿的标准主要看以下方面:

1. 过错程度

过错程度可以通过过错方侵权的手段、场合、次数和持续时间等反映。这些具体情节反映着其主观恶性的不同,不同情节所造成的受害人的精神损害程度也是不同的,因此所应受到惩罚的程度也不同。例如,过错方肆无忌惮,屡次劝诫却不思悔改,以暴力的方式虐待、遗弃受害人,给受害人精神和感情上造成的伤害要远远大于过错方采取隐秘的方式、存有愧疚心理给受害人造成的伤害。

2. 认错态度

过错方的事后态度直接影响到受害人的精神状态,如果过错方于事后积极承认错误并积极抚慰受害人,努力取得受害人的理解,受害人的精神痛苦必将减少并易于克服。相反,如果侵害行为发生后过错方仍然态度蛮横,无认错之意,甚至恶语相向,暴力遗弃,则必将加重受害人的精神痛苦。因此,在确定精神损害赔偿金时,要考虑到过错方态度的因素。

3. 过错方的经济能力

过错方的经济能力是比较容易衡量的一个标准,尤其是考虑到我国法律对精神损害赔偿标准相对偏低的现实,应着重考虑过错方经济能力这一因素。在市场经济条件下,即使是同一地区的人,收入也是千差万别的,如果过分拘泥于形式上的平等,结果就是造成实质上的不平等。假如无论过错方的经济能力如何,认定事实就依照约定俗成甚至内部规章径行确定赔偿数额,会导致这样一种后果:富人可以以对其微不足道金额的赔偿获得侵害他人的权利,甚至可以说支付很少的对价,就达到了继续伤害、侮辱受害人的目的,同时受害人并不能因数额较少的赔偿而完全获得心理上的抚慰,离婚损害赔偿的作用无从实现;而经济条件较差的过错方则可能会因数额巨大的赔偿金而导致以后的生活无法维持,从而对离婚望而却步,只好被迫维系已经毫无感情的婚姻,无法实现离婚自由的目的。

4.精神伤害的严重程度

不同性别、年龄段、性格的人对精神伤害的抗击能力和恢复能力是不同的,因此同样的过错行为,在不同的受害人身上产生截然不同的后果。在考虑受害人所受伤害的严重程度时,一般认为,女性受到同等侵害时产生的精神痛苦要大于男性,正值壮年的人比老年人更容易从痛苦当中恢复。

5.受害人自身、家庭经济状况

受害人自身、家庭经济状况不仅影响着一定数额的赔偿金能否达到他(她)的预期,达到抚慰的目的,有时甚至影响到受害人及其子女以后的生活。对于自己经济条件很好,对方经济条件也很好的受害人来说,较少的赔偿数额根本无法满足"抚慰"的需要,甚至是一种嘲讽;而如果受害人自身经济状况较差,主要收入依靠过错方获得,大多数情况下受害人还必须抚养孩子,数额很少的损害赔偿,可能会给受害人及子女以后的生活带来不利影响。这时,离婚损害赔偿就不应仅限于精神损害赔偿,还应着重考虑受害人财产方面的损失。无论对受害人实质的补偿还是从人道主义考虑,都必须结合受害人自身的以及家庭经济状况确定离婚损害赔偿金。

其次,要遵循离婚赔偿的原则。离婚赔偿标准结合司法实践,人民法院在审理离婚案件分割夫妻共同财产时,一般遵循以下原则:

1. 男女平等原则

男女平等原则既反映在《婚姻法》的各条法律规范中,离婚赔偿标准又是人民法院处理婚姻家庭案件的办案指南。离婚赔偿标准体现在离婚财产分割上,就是夫妻双方有平等分割共同财产的权利,平等承担共同债务的义务。

2. 照顾子女和女方利益原则

这里的"照顾",离婚赔偿标准既可以在财产份额上给女方适当多分,也可以在财产种类上将某项生活特别需要的财产,比如住房,分配给女方。毕竟从习惯势力上、从传统因素的影响所造成的障碍上,从妇女的家务负担、生理特点上讲,离婚后一般妇女在寻找工作和谋生能力上也较男子要弱,需要社会给予更多的帮助。同时,离婚赔偿标准在分割夫妻共同财产时,要特别注意保护未成年人的合法财产权益。离婚赔偿标准规定未成年人的合法财产不能列入夫妻共同财产进行分割。

3. 有利生活、方便生活原则

离婚赔偿标准规定在离婚分割共同财产时,不应损害财产效用、性能和经济价值。在对共同财产中的生产资料进行分割时,离婚赔偿标准应尽可能分给需要该生产资料、能更好发挥该生产资料效用的一方;在对共同财产中的生活资料进行分割时,要尽量满足个人从事专业或职业需要,以发挥物的使用价值。离婚赔偿标准不可分物按实际需要和有利发挥效用原则归一方所有,分得方应依公平原则,按离婚时的实际价值给另一方相应的补偿。

4. 权利不得滥用原则

离婚赔偿标准规定离婚分割夫妻共同财产时不得把属于国家、集体和他人所有的财产当作夫妻共同财产进行分割,不得借分割夫妻共同财产的名义损害他人合法利益。

夫妻一方所有的财产,在共同生活中消耗、毁损、灭失的,另一方不予补偿。

再次,要看案件是否符合离婚损害赔偿的构成要件:

1.有违法行为

违法行为是指实施了《婚姻法》第四十六条明确规定的四种违法行为之一。具体包括：重婚；有配偶还与他人同居；实施家庭暴力；虐待、遗弃家庭成员。如果实施的是法定违法行为之外的其他行为，例如吸毒、赌博、通奸、嫖娼、卖淫等行为而致使婚姻破裂并导致离婚的，或者实施了前述四种特定违法行为但并未导致离婚的都不属于请求离婚损害赔偿的范畴。

2.有损害事实的发生

有损害事实的发生是指配偶过错方因实施了法定的违法行为而导致婚姻破裂从而离婚，基于此，无过错方受到的财产或非财产损害，具体包括财产损害、人身损害和精神损害。财产损害是指，由于过错方的行为造成无过错方的财产上的灭失或毁损，包括直接受到的损失和间接受到的损失。人身损害是指，过错方的过错行为造成无过错方的身体上的伤害。精神损害是指，过错方因实施特定的违法行为致使无过错方产生悲伤、恐惧、怨恨、羞辱等精神上的痛苦而遭受的损害。

3.违法行为与损害事实之间应具有因果联系

违法行为与损害事实之间应具有因果联系是指过错方实施的重婚，与他人同居，家庭暴力，虐待、遗弃家庭成员的行为是导致婚姻关系破裂而引起离婚，并且造成无过错方物质或非物质损害的直接原因。如果这个关系不成立，则过错方就无须承担赔偿责任。

4.实施违法行为一方必须在主观上存在过错

实施违法行为一方必须具有主观上的故意，即明知自己的违法行为必然或可能损害配偶的合法权益，并且导致婚姻破裂，而主观上希望或放任这种结果发生的心理态度。所谓过错并非是离婚行为本身，而是导致离婚的过错行为。这些过错行为不仅意味着行为人的行为违反了法律和道德，并造成对他人的损害，而且还体现了法律和道德对行为人的否定性评价。

5.有离婚事实的发生

有离婚事实的发生是指违法行为导致婚姻关系破裂,造成离婚的后果。如果不具备该要件,即使有《婚姻法》第四十六条的四种违法行为的发生,但没有离婚,则不存在离婚损害赔偿。只有离婚的发生,无过错方才能行使离婚损害赔偿的请求权。

附 录

《中华人民共和国反家庭暴力法》

（2015年12月27日第十二届全国人民代表大会常务委员会第十八次会议通过）

中华人民共和国主席令

第三十七号

《中华人民共和国反家庭暴力法》已由中华人民共和国第十二届全国人民代表大会常务委员会第十八次会议于2015年12月27日通过，现予公布，自2016年3月1日起施行。

中华人民共和国主席

2015年12月27日

目 录

第一章 总则

第二章 家庭暴力的预防

第三章 家庭暴力的处置

第四章 人身安全保护令

第五章 法律责任

第六章 附则

第一章 总 则

第一条 为了预防和制止家庭暴力,保护家庭成员的合法权益,维护平等、和睦、文明的家庭关系,促进家庭和谐、社会稳定,制定本法。

第二条 本法所称家庭暴力,是指家庭成员之间以殴打、捆绑、残害、限制人身自由以及经常性谩骂、恐吓等方式实施的身体、精神等侵害行为。

第三条 家庭成员之间应当互相帮助,互相关爱,和睦相处,履行家庭义务。

反家庭暴力是国家、社会和每个家庭的共同责任。

国家禁止任何形式的家庭暴力。

第四条 县级以上人民政府负责妇女儿童工作的机构,负责组织、协调、指导、督促有关部门做好反家庭暴力工作。

县级以上人民政府有关部门、司法机关、人民团体、社会组织、居民委员会、村民委员会、企业事业单位,应当依照本法和有关法律规定,做好反家庭暴力工作。

各级人民政府应当对反家庭暴力工作给予必要的经费保障。

第五条 反家庭暴力工作遵循预防为主,教育、矫治与惩处相结合原则。

反家庭暴力工作应当尊重受害人真实意愿,保护当事人隐私。

未成年人、老年人、残疾人、孕期和哺乳期的妇女、重病患者遭受家庭暴力的,应当给予特殊保护。

第二章 家庭暴力的预防

第六条 国家开展家庭美德宣传教育,普及反家庭暴力知识,增强公民反家庭暴力意识。

工会、共产主义青年团、妇女联合会、残疾人联合会应当在各自工作范围内,组织开展家庭美德和反家庭暴力宣传教育。

广播、电视、报刊、网络等应当开展家庭美德和反家庭暴力宣传。

学校、幼儿园应当开展家庭美德和反家庭暴力教育。

第七条 县级以上人民政府有关部门、司法机关、妇女联合会应当将预防和制止家庭暴力纳入业务培训和统计工作。

医疗机构应当做好家庭暴力受害人的诊疗记录。

第八条　乡镇人民政府、街道办事处应当组织开展家庭暴力预防工作，居民委员会、村民委员会、社会工作服务机构应当予以配合协助。

第九条　各级人民政府应当支持社会工作服务机构等社会组织开展心理健康咨询、家庭关系指导、家庭暴力预防知识教育等服务。

第十条　人民调解组织应当依法调解家庭纠纷，预防和减少家庭暴力的发生。

第十一条　用人单位发现本单位人员有家庭暴力情况的，应当给予批评教育，并做好家庭矛盾的调解、化解工作。

第十二条　未成年人的监护人应当以文明的方式进行家庭教育，依法履行监护和教育职责，不得实施家庭暴力。

第三章　家庭暴力的处置

第十三条　家庭暴力受害人及其法定代理人、近亲属可以向加害人或者受害人所在单位、居民委员会、村民委员会、妇女联合会等单位投诉、反映或者求助。有关单位接到家庭暴力投诉、反映或者求助后，应当给予帮助、处理。

家庭暴力受害人及其法定代理人、近亲属也可以向公安机关报案或者依法向人民法院起诉。

单位、个人发现正在发生的家庭暴力行为，有权及时劝阻。

第十四条　学校、幼儿园、医疗机构、居民委员会、村民委员会、社会工作服务机构、救助管理机构、福利机构及其工作人员在工作中发现无民事行为能力人、限制民事行为能力人遭受或者疑似遭受家庭暴力的，应当及时向公安机关报案。公安机关应当对报案人的信息予以保密。

第十五条　公安机关接到家庭暴力报案后应当及时出警，制止家庭暴力，按照有关规定调查取证，协助受害人就医、鉴定伤情。

无民事行为能力人、限制民事行为能力人因家庭暴力身体受到严重伤害、面临人身安全威胁或者处于无人照料等危险状态的，公安机关应当通知

并协助民政部门将其安置到临时庇护场所、救助管理机构或者福利机构。

第十六条 家庭暴力情节较轻,依法不给予治安管理处罚的,由公安机关对加害人给予批评教育或者出具告诫书。

告诫书应当包括加害人的身份信息、家庭暴力的事实陈述、禁止加害人实施家庭暴力等内容。

第十七条 公安机关应当将告诫书送交加害人、受害人,并通知居民委员会、村民委员会。

居民委员会、村民委员会、公安派出所应当对收到告诫书的加害人、受害人进行查访,监督加害人不再实施家庭暴力。

第十八条 县级或者设区的市级政府可以单独或者依托救助管理机构设立临时庇护场所,为家庭暴力受害人提供临时生活帮助。

第十九条 法律援助机构应当依法为家庭暴力受害人提供法律援助。

人民法院应当依法对家庭暴力受害人缓收、减收或者免收诉讼费用。

第二十条 人民法院审理涉及家庭暴力的案件,可以根据公安机关出警记录、告诫书、伤情鉴定意见等证据,认定家庭暴力事实。

第二十一条 监护人实施家庭暴力严重侵害被监护人合法权益的,人民法院可以根据被监护人的近亲属、居民委员会、村民委员会、县级政府民政部门等有关人员或者单位的申请,依法撤销其监护人资格,另行指定监护人。

被撤销监护人资格的加害人,应当继续负担相应的赡养、扶养、抚养费用。

第二十二条 工会、共产主义青年团、妇女联合会、残疾人联合会、居民委员会、村民委员会等应当对实施家庭暴力的加害人进行法治教育,必要时可以对加害人、受害人进行心理辅导。

第四章 人身安全保护令

第二十三条 当事人因遭受家庭暴力或者面临家庭暴力的现实危险,向人民法院申请人身安全保护令的,人民法院应当受理。

当事人是无民事行为能力人、限制民事行为能力人,或者因受到强制、威吓等原因无法申请人身安全保护令的,其近亲属、公安机关、妇女联合会、居民委员会、村民委员会、救助管理机构可以代为申请。

第二十四条　申请人身安全保护令应当以书面方式提出;书面申请确有困难的,可以口头申请,由人民法院记入笔录。

第二十五条　人身安全保护令案件由申请人或者被申请人居住地、家庭暴力发生地的基层人民法院管辖。

第二十六条　人身安全保护令由人民法院以裁定形式作出。

第二十七条　作出人身安全保护令,应当具备下列条件:

(一)有明确的被申请人;

(二)有具体的请求;

(三)有遭受家庭暴力或者面临家庭暴力现实危险的情形。

第二十八条　人民法院受理申请后,应当在七十二小时内作出人身安全保护令或者驳回申请;情况紧急的,应当在二十四小时内作出。

第二十九条　人身安全保护令可以包括下列措施:

(一)禁止被申请人实施家庭暴力;

(二)禁止被申请人骚扰、跟踪、接触申请人及其相关近亲属;

(三)责令被申请人迁出申请人住所;

(四)保护申请人人身安全的其他措施。

第三十条　人身安全保护令的有效期不超过六个月,自作出之日起生效。人身安全保护令失效前,人民法院可以根据申请人的申请撤销、变更或者延长。

第三十一条　申请人对驳回申请不服或者被申请人对人身安全保护令不服的,可以自裁定生效之日起五日内向作出裁定的人民法院申请复议一次。人民法院依法作出人身安全保护令的,复议期间不停止人身安全保护令的执行。

第三十二条　人民法院作出人身安全保护令后,应当送达申请人、被申请人、公安机关以及居民委员会、村民委员会等有关组织。人身安全保护令由人民法院执行,公安机关以及居民委员会、村民委员会等应当协助执行。

第五章 法律责任

第三十三条 加害人实施家庭暴力,构成违反治安管理行为的,依法给予治安管理处罚;构成犯罪的,依法追究刑事责任。

第三十四条 被申请人违反人身安全保护令,构成犯罪的,依法追究刑事责任;尚不构成犯罪的,人民法院应当给予训诫,可以根据情节轻重处以一千元以下罚款、十五日以下拘留。

第三十五条 学校、幼儿园、医疗机构、居民委员会、村民委员会、社会工作服务机构、救助管理机构、福利机构及其工作人员未依照本法第十四条规定向公安机关报案,造成严重后果的,由上级主管部门或者本单位对直接负责的主管人员和其他直接责任人员依法给予处分。

第三十六条 负有反家庭暴力职责的国家工作人员玩忽职守、滥用权力的,依法给予处分;构成犯罪的,依法追究刑事责任。

第六章 附 则

第三十七条 家庭成员以外共同生活的人之间实施的暴力行为,参照本法规定执行。

第三十八条 本法自2016年3月1日起施行。

《最高人民法院关于人身安全保护令案件相关程序问题的批复》

（2016年6月6日最高人民法院审判委员会第1686次会议通过，自2016年7月13日起施行）

法释〔2016〕15号

中华人民共和国最高人民法院公告

《最高人民法院关于人身安全保护令案件相关程序问题的批复》已于2016年6月6日由最高人民法院审判委员会第1686次会议通过，现予公布，自2016年7月13日起施行。

最高人民法院

2016年7月11日

北京市高级人民法院：

你院《关于人身安全保护令案件相关程序问题的请示》（京高法〔2016〕45号）收悉。经研究，批复如下：

一、关于人身安全保护令案件是否收取诉讼费的问题。同意你院倾向性意见，即向人民法院申请人身安全保护令，不收取诉讼费用。

二、关于申请人身安全保护令是否需要提供担保的问题。同意你院倾向性意见，即根据《中华人民共和国反家庭暴力法》请求人民法院作出人身安全保护令的，申请人不需要提供担保。

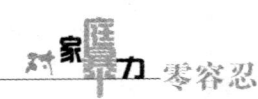

三、关于人身安全保护令案件适用程序等问题。人身安全保护令案件适用何种程序,反家庭暴力法中没有作出直接规定。人民法院可以比照特别程序进行审理。家事纠纷案件中的当事人向人民法院申请人身安全保护令的,由审理该案的审判组织作出是否发出人身安全保护令的裁定;如果人身安全保护令的申请人在接受其申请的人民法院并无正在进行的家事案件诉讼,由法官以独任审理的方式审理。至于是否需要就发出人身安全保护令问题听取被申请人的意见,则由承办法官视案件的具体情况决定。

四、关于复议问题。对于人身安全保护令的被申请人提出的复议申请和人身安全保护令的申请人就驳回裁定提出的复议申请,可以由原审判组织进行复议;人民法院认为必要的,也可以另行指定审判组织进行复议。

此复。

《民政部、全国妇联关于做好家庭暴力受害人庇护救助工作的指导意见》

(2015年9月24日)

各省、自治区、直辖市民政厅(局)、妇联,新疆生产建设兵团民政局、妇联:

为加大反对家庭暴力工作力度,依法保护家庭暴力受害人,特别是遭受家庭暴力侵害的妇女、未成年人、老年人等弱势群体的人身安全和其他合法权益,根据《中华人民共和国妇女权益保障法》《中华人民共和国未成年人保护法》《中华人民共和国老年人权益保障法》《社会救助暂行办法》等有关规定,现就民政部门和妇联组织做好家庭暴力受害人(以下简称受害人)庇护救助工作提出以下指导意见:

一、工作对象

家庭暴力受害人庇护救助工作对象是指常住人口及流动人口中,因遭受家庭暴力导致人身安全受到威胁,处于无处居住等暂时生活困境,需要进行庇护救助的未成年人和寻求庇护救助的成年受害人。寻求庇护救助的妇女可携带需要其照料的未成年子女同时申请庇护。

二、工作原则

(一)未成年人特殊、优先保护原则。为遭受家庭暴力侵害的未成年人提供特殊、优先保护,积极主动庇护救助未成年受害人。依法干预处置监护人侵害未成年人合法权益的行为,切实保护未成年人合法权益。

(二)依法庇护原则。依法为受害人提供临时庇护救助服务,充分尊重受害人合理意愿,严格保护其个人隐私。积极运用家庭暴力告诫书、人身安全保护裁定、调解诉讼等法治手段,保障受害人人身安全,维护其合法权益。

(三)专业化帮扶原则。积极购买社会工作、心理咨询等专业服务,鼓励受害人自主接受救助方案和帮扶方式,协助家庭暴力受害人克服心理阴影和行为障碍,协调解决婚姻、生活、学习、工作等方面的实际困难,帮助其顺利返回家庭、融入社会。

(四)社会共同参与原则。在充分发挥民政部门和妇联组织职能职责和工作优势的基础上,动员引导多方面社会力量参与受害人庇护救助服务和反对家庭暴力宣传等工作,形成多方参与、优势互补、共同协作的工作合力。

三、工作内容

(一)及时受理求助。妇联组织要及时接待受害人求助请求或相关人员的举报投诉,根据调查了解的情况向公安机关报告,请公安机关对家庭暴力行为进行调查处置。妇联组织、民政部门发现未成年人遭受虐待、暴力伤害等家庭暴力情形的,应当及时报请公安机关进行调查处置和干预保护。民政部门及救助管理机构应当及时接收公安机关、妇联等有关部门护送或主动寻求庇护救助的受害人,办理入站登记手续,根据性别、年龄实行分类分区救助,妥善安排食宿等临时救助服务并做好隐私保护工作。救助管理机构庇护救助成年受害人期限一般不超过10天,因特殊情况需要延长的,报主管民政部门备案。城乡社区服务机构可以为社区内遭受家庭暴力的居民提供应急庇护救助服务。

(二)按需提供转介服务。民政部门及救助管理机构和妇联组织可以通过与社会工作服务机构、心理咨询机构等专业力量合作方式对受害人进行安全评估和需求评估,根据受害人的身心状况和客观需求制定个案服务方案。要积极协调人民法院、司法行政、人力资源社会保障、卫生等部门、社会救助经办机构、医院和社会组织,为符合条件的受害人提供司法救助、法律援助、婚姻家庭纠纷调解、就业援助、医疗救助、心理康复等转介服务。对于实施家庭暴力的未成年人监护人,应通过家庭教育指导、监护监督等多种方式,督促监护人改善监护方式,提升监护能力;对于目睹家庭暴力的未成年人,要提供心理辅导和关爱服务。

(三)加强受害人人身安全保护。民政部门及救助管理机构或妇联组织可以根据需要协助受害人或代表未成年受害人向人民法院申请人身安全保护裁定,依法保护受害人的人身安全,避免其再次受到家庭暴力的侵害。成年受害人在庇护期间自愿离开救助管理机构的,应提出书面申请,说明离开原因,可自行离开、由受害人亲友接回或由当地村(居)民委员会、基层妇联组织护送回家。其他监护人、近亲属前来接领未成年受害人的,经公安机关或村(居)民委员会确认其身份后,救助管理机构可以将未成年受害人交由其照料,并与其办理书面交接手续。

(四)强化未成年受害人救助保护。民政部门和救助管理机构要按照《最高人民法院最高人民检察院公安部民政部关于依法处理监护人侵害未成年人权益行为若干问题的意见》(法发〔2014〕24号)要求,做好未成年受害人临时监护、调查评估、多方会商等工作。救助管理机构要将遭受家庭暴力侵害的未成年受害人安排在专门区域进行救助保护。对于年幼的未成年受害人,要安排专业社会工作者或专人予以陪护和精心照料,待其情绪稳定后可根据需要安排到爱心家庭寄养。未成年受害人接受司法机关调查时,民政部门或救助管理机构要安排专职社会工作者或专人予以陪伴,必要时请妇联组织派员参加,避免其受到"二次伤害"。对于遭受严重家庭暴力侵害的未成年人,民政部门或救助管理机构、妇联组织可以向人民法院提出申请,要求撤销施暴人监护资格,依法另行指定监护人。

四、工作要求

(一)健全工作机制。民政部门和妇联组织要建立有效的信息沟通渠道,建立健全定期会商、联合作业、协同帮扶等联动协作机制,细化具体任务职责和合作流程,共同做好受害人的庇护救助和权益维护工作。民政部门及救助管理机构要为妇联组织、司法机关开展受害人维权服务、司法调查等工作提供设施场所、业务协作等便利。妇联组织要依法为受害人提供维权服务。

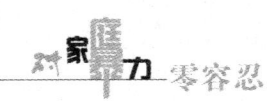

（二）加强能力建设。民政部门及救助管理机构和妇联组织要选派政治素质高、业务能力强的工作人员参与受害人庇护救助工作，加强对工作人员的业务指导和能力培训。救助管理机构应开辟专门服务区域设立家庭暴力庇护场所，实现与流浪乞讨人员救助服务区域的相对隔离，有条件的地方可充分利用现有设施设置生活居室、社会工作室、心理访谈室、探访会客室等，设施陈列和环境布置要温馨舒适。救助管理机构要加强家庭暴力庇护工作的管理服务制度建设，建立健全来访会谈、出入登记、隐私保护、信息查阅等制度。妇联组织要加强"12338"法律维权热线和维权队伍建设，为受害人主动求助、法律咨询和依法维权提供便利渠道和服务。

（三）动员社会参与。民政部门和救助管理机构可以通过购买服务、项目合作、志愿服务等多种方式，鼓励支持社会组织、社会工作服务机构、法律服务机构参与家庭暴力受害人庇护救助服务，提供法律政策咨询、心理疏导、婚姻家庭纠纷调解、家庭关系辅导、法律援助等服务，并加强对社会力量的统筹协调。妇联组织可以发挥政治优势、组织优势和群众工作优势，动员引导爱心企业、爱心家庭和志愿者等社会力量通过慈善捐赠、志愿服务等方式参与家庭暴力受害人庇护救助服务。

（四）强化宣传引导。各级妇联组织和民政部门要积极调动舆论资源，主动借助新兴媒体，切实运用各类传播阵地，公布家庭暴力救助维权热线电话，开设反对家庭暴力专题栏目，传播介绍反对家庭暴力的法律法规；加强依法处理家庭暴力典型事例（案例）的法律解读、政策释义和宣传报道，引导受害人及时保存证据，依法维护自身合法权益；城乡社区服务机构要积极开展反对家庭暴力宣传，提高社区居民参与反对家庭暴力工作的意识，鼓励社区居民主动发现和报告监护人虐待未成年人等家庭暴力线索。

《最高人民法院、最高人民检察院、公安部、司法部关于依法办理家庭暴力犯罪案件的意见》

2015年3月2日

发生在家庭成员之间,以及具有监护、扶养、寄养、同居等关系的共同生活人员之间的家庭暴力犯罪,严重侵害公民人身权利,破坏家庭关系,影响社会和谐稳定。人民法院、人民检察院、公安机关、司法行政机关应当严格履行职责,充分运用法律,积极预防和有效惩治各种家庭暴力犯罪,切实保障人权,维护社会秩序。为此,根据刑法、刑事诉讼法、婚姻法、未成年人保护法、老年人权益保障法、妇女权益保障法等法律,结合司法实践经验,制定本意见。

一、基本原则

1. 依法及时、有效干预。针对家庭暴力持续反复发生,不断恶化升级的特点,人民法院、人民检察院、公安机关、司法行政机关对已发现的家庭暴力,应当依法采取及时、有效的措施,进行妥善处理,不能以家庭暴力发生在家庭成员之间,或者属于家务事为由而置之不理,互相推诿。

2. 保护被害人安全和隐私。办理家庭暴力犯罪案件,应当首先保护被害人的安全。通过对被害人进行紧急救治、临时安置,以及对施暴人采取刑事强制措施、判处刑罚、宣告禁止令等措施,制止家庭暴力并防止再次发生,消除家庭暴力的现实侵害和潜在危险。对与案件有关的个人隐私,应当保密,但法律有特别规定的除外。

3.尊重被害人意愿。办理家庭暴力犯罪案件,既要严格依法进行,也要尊重被害人的意愿。在立案、采取刑事强制措施、提起公诉、判处刑罚、减刑、假释时,应当充分听取被害人意见,在法律规定的范围内作出合情、合理的处理。对法律规定可以调解、和解的案件,应当在当事人双方自愿的基础上进行调解、和解。

4.对未成年人、老年人、残疾人、孕妇、哺乳期妇女、重病患者特殊保护。办理家庭暴力犯罪案件,应当根据法律规定和案件情况,通过代为告诉、法律援助等措施,加大对未成年人、老年人、残疾人、孕妇、哺乳期妇女、重病患者的司法保护力度,切实保障他们的合法权益。

二、案件受理

5.积极报案、控告和举报。依照刑事诉讼法第一百零八条第一款"任何单位和个人发现有犯罪事实或者犯罪嫌疑人,有权利也有义务向公安机关、人民检察院或者人民法院报案或者举报"的规定,家庭暴力被害人及其亲属、朋友、邻居、同事,以及村(居)委会、人民调解委员会、妇联、共青团、残联、医院、学校、幼儿园等单位、组织,发现家庭暴力,有权利也有义务及时向公安机关、人民检察院、人民法院报案、控告或者举报。

公安机关、人民检察院、人民法院对于报案人、控告人和举报人不愿意公开自己的姓名和报案、控告、举报行为的,应当为其保守秘密,保护报案人、控告人和举报人的安全。

6.迅速审查、立案和转处。公安机关、人民检察院、人民法院接到家庭暴力的报案、控告或者举报后,应当立即问明案件的初步情况,制作笔录,迅速进行审查,按照刑事诉讼法关于立案的规定,根据自己的管辖范围,决定是否立案。对于符合立案条件的,要及时立案。对于可能构成犯罪但不属于自己管辖的,应当移送主管机关处理,并且通知报案人、控告人或者举报人;对于不属于自己管辖而又必须采取紧急措施的,应当先采取紧急措施,然后移送主管机关。

经审查,对于家庭暴力行为尚未构成犯罪,但属于违反治安管理行为的,应当将案件移送公安机关,依照治安管理处罚法的规定进行处理,同时告知被害人可以向人民调解委员会提出申请,或者向人民法院提起民事诉讼,要求施暴人承担停止侵害、赔礼道歉、赔偿损失等民事责任。

7.注意发现犯罪案件。公安机关在处理人身伤害、虐待、遗弃等行政案件过程中,人民法院在审理婚姻家庭、继承、侵权责任纠纷等民事案件过程中,应当注意发现可能涉及的家庭暴力犯罪。一旦发现家庭暴力犯罪线索,公安机关应当将案件转为刑事案件办理,人民法院应当将案件移送公安机关;属于自诉案件的,公安机关、人民法院应当告知被害人提起自诉。

8.尊重被害人的程序选择权。对于被害人有证据证明的轻微家庭暴力犯罪案件,在立案审查时,应当尊重被害人选择公诉或者自诉的权利。被害人要求公安机关处理的,公安机关应当依法立案、侦查。在侦查过程中,被害人不再要求公安机关处理或者要求转为自诉案件的,应当告知被害人向公安机关提交书面申请。经审查确系被害人自愿提出的,公安机关应当依法撤销案件。被害人就这类案件向人民法院提起自诉的,人民法院应当依法受理。

9.通过代为告诉充分保障被害人自诉权。对于家庭暴力犯罪自诉案件,被害人无法告诉或者不能亲自告诉的,其法定代理人、近亲属可以告诉或者代为告诉;被害人是无行为能力人、限制行为能力人,其法定代理人、近亲属没有告诉或者代为告诉的,人民检察院可以告诉;侮辱、暴力干涉婚姻自由等告诉才处理的案件,被害人因受强制、威吓无法告诉的,人民检察院也可以告诉。人民法院对告诉或者代为告诉的,应当依法受理。

10.切实加强立案监督。人民检察院要切实加强对家庭暴力犯罪案件的立案监督,发现公安机关应当立案而不立案的,或者被害人及其法定代理人、近亲属,有关单位、组织就公安机关不予立案向人民检察院提出异议的,人民检察院应当要求公安机关说明不立案的理由。人民检察院认为不立案理由不成立的,应当通知公安机关立案,公安机关接到通知后应当立案;认为不立案理由成立的,应当将理由告知提出异议的被害人及其法定代理人、近亲属或者有关单位、组织。

11.及时、全面收集证据。公安机关在办理家庭暴力案件时,要充分、全

面地收集、固定证据,除了收集现场的物证、被害人陈述、证人证言等证据外,还应当注意及时向村(居)委会、人民调解委员会、妇联、共青团、残联、医院、学校、幼儿园等单位、组织的工作人员,以及被害人的亲属、邻居等收集涉及家庭暴力的处理记录、病历、照片、视频等证据。

12.妥善救治、安置被害人。人民法院、人民检察院、公安机关等负有保护公民人身安全职责的单位和组织,对因家庭暴力受到严重伤害需要紧急救治的被害人,应当立即协助联系医疗机构救治;对面临家庭暴力严重威胁,或者处于无人照料等危险状态,需要临时安置的被害人或者相关未成年人,应当通知并协助有关部门进行安置。

13.依法采取强制措施。人民法院、人民检察院、公安机关对实施家庭暴力的犯罪嫌疑人、被告人,符合拘留、逮捕条件的,可以依法拘留、逮捕;没有采取拘留、逮捕措施的,应当通过走访、打电话等方式与被害人或者其法定代理人、近亲属联系,了解被害人的人身安全状况。对于犯罪嫌疑人、被告人再次实施家庭暴力的,应当根据情况,依法采取必要的强制措施。

人民法院、人民检察院、公安机关决定对实施家庭暴力的犯罪嫌疑人、被告人取保候审的,为了确保被害人及其子女和特定亲属的安全,可以依照刑事诉讼法第六十九条第二款的规定,责令犯罪嫌疑人、被告人不得再次实施家庭暴力;不得侵扰被害人的生活、工作、学习;不得进行酗酒、赌博等活动;经被害人申请且有必要的,责令不得接近被害人及其未成年子女。

14.加强自诉案件举证指导。家庭暴力犯罪案件具有案发周期较长、证据难以保存,被害人处于相对弱势、举证能力有限,相关事实难以认定等特点。有些特点在自诉案件中表现得更为突出。因此,人民法院在审理家庭暴力自诉案件时,对于因当事人举证能力不足等原因,难以达到法律规定的证据要求的,应当及时对当事人进行举证指导,告知需要收集的证据及收集证据的方法。对于因客观原因不能取得的证据,当事人申请人民法院调取的,人民法院应当认真审查,认为确有必要的,应当调取。

15.加大对被害人的法律援助力度。人民检察院自收到移送审查起诉的案件材料之日起三日内,人民法院自受理案件之日起三日内,应当告知被害人及其法定代理人或者近亲属有权委托诉讼代理人,如果经济困难,可以向法律援助机构申请法律援助;对于被害人是未成年人、老年人、重病患者或者残疾人等,因经济困难没有委托诉讼代理人的,人民检察院、人民法院应当帮助其申请法律援助。

法律援助机构应当依法为符合条件的被害人提供法律援助,指派熟悉反家庭暴力法律法规的律师办理案件。

三、定罪处罚

16.依法准确定罪处罚。对故意杀人、故意伤害、强奸、猥亵儿童、非法拘禁、侮辱、暴力干涉婚姻自由、虐待、遗弃等侵害公民人身权利的家庭暴力犯罪,应当根据犯罪的事实、犯罪的性质、情节和对社会的危害程度,严格依照刑法的有关规定判处。对于同一行为同时触犯多个罪名的,依照处罚较重的规定定罪处罚。

17.依法惩处虐待犯罪。采取殴打、冻饿、强迫过度劳动、限制人身自由、恐吓、侮辱、谩骂等手段,对家庭成员的身体和精神进行摧残、折磨,是实践中较为多发的虐待性质的家庭暴力。根据司法实践,具有虐待持续时间较长、次数较多;虐待手段残忍;虐待造成被害人轻微伤或者患较严重疾病;对未成年人、老年人、残疾人、孕妇、哺乳期妇女、重病患者实施较为严重的虐待行为等情形,属于刑法第二百六十条第一款规定的虐待"情节恶劣",应当依法以虐待罪定罪处罚。

准确区分虐待犯罪致人重伤、死亡与故意伤害、故意杀人犯罪致人重伤、死亡的界限,要根据被告人的主观故意、所实施的暴力手段与方式、是否立即或者直接造成被害人伤亡后果等进行综合判断。对于被告人主观上不具有侵害被害人健康或者剥夺被害人生命的故意,而是出于追求被害人肉体和精神上的痛苦,长期或者多次实施虐待行为,逐渐造成被害人身体损害,过失导致被害人重伤或者死亡的;或者因虐待致使被害人不堪忍受而自残、自杀,导致重伤或者死亡的,属于刑法第二百六十条第二款规定的虐待"致使被害人重伤、死亡",应当以虐待罪定罪处罚。对于被告人虽然实施家庭暴力呈现出经常性、持续性、反复性的特点,但其主观上具有希望或者放

任被害人重伤或者死亡的故意,持凶器实施暴力,暴力手段残忍,暴力程度较强,直接或者立即造成被害人重伤或者死亡的,应当以故意伤害罪或者故意杀人罪定罪处罚。

依法惩处遗弃犯罪。负有扶养义务且有扶养能力的人,拒绝扶养年幼、年老、患病或者其他没有独立生活能力的家庭成员,是危害严重的遗弃性质的家庭暴力。根据司法实践,具有对被害人长期不予照顾、不提供生活来源;驱赶、逼迫被害人离家,致使被害人流离失所或者生存困难;遗弃患严重疾病或者生活不能自理的被害人;遗弃致使被害人身体严重损害或者造成其他严重后果等情形,属于刑法第二百六十一条规定的遗弃"情节恶劣",应当依法以遗弃罪定罪处罚。

准确区分遗弃罪与故意杀人罪的界限,要根据被告人的主观故意、所实施行为的时间与地点、是否立即造成被害人死亡,以及被害人对被告人的依赖程度等进行综合判断。对于只是为了逃避扶养义务,并不希望或者放任被害人死亡,将生活不能自理的被害人弃置在福利院、医院、派出所等单位或者广场、车站等行人较多的场所,希望被害人得到他人救助的,一般以遗弃罪定罪处罚。对于希望或者放任被害人死亡,不履行必要的扶养义务,致使被害人因缺乏生活照料而死亡,或者将生活不能自理的被害人带至荒山野岭等人迹罕至的场所扔弃,使被害人难以得到他人救助的,应当以故意杀人罪定罪处罚。

18.切实贯彻宽严相济刑事政策。对于实施家庭暴力构成犯罪的,应当根据罪刑法定、罪刑相适应原则,兼顾维护家庭稳定、尊重被害人意愿等因素综合考虑,宽严并用,区别对待。根据司法实践,对于实施家庭暴力手段残忍或者造成严重后果;出于恶意侵占财产等卑劣动机实施家庭暴力;因酗酒、吸毒、赌博等恶习而长期或者多次实施家庭暴力;曾因实施家庭暴力受到刑事处罚、行政处罚;或者具有其他恶劣情形的,可以酌情从重处罚。对于实施家庭暴力犯罪情节较轻,或者被告人真诚悔罪,获得被害人谅解,从轻处罚有利于被扶养人的,可以酌情从轻处罚;对于情节轻微不需要判处刑罚的,人民检察院可以不起诉,人民法院可以判处免予刑事处罚。

对于实施家庭暴力情节显著轻微危害不大不构成犯罪的,应当撤销案件、不起诉,或者宣告无罪。

人民法院、人民检察院、公安机关应当充分运用训诫、责令施暴人保证不再实施家庭暴力,或者向被害人赔礼道歉、赔偿损失等非刑罚处罚措施,加强对施暴人的教育与惩戒。

19.准确认定对家庭暴力的正当防卫。为了使本人或者他人的人身权利免受不法侵害,对正在进行的家庭暴力采取制止行为,只要符合刑法规定的条件,就应当依法认定为正当防卫,不负刑事责任。防卫行为造成施暴人重伤、死亡,且明显超过必要限度,属于防卫过当,应当负刑事责任,但是应当减轻或者免除处罚。

认定防卫行为是否"明显超过必要限度",应当以足以制止并使防卫人免受家庭暴力不法侵害的需要为标准,根据施暴人正在实施家庭暴力的严重程度、手段的残忍程度、防卫人所处的环境、面临的危险程度、采取的制止暴力的手段、造成施暴人重大损害的程度,以及既往家庭暴力的严重程度等进行综合判断。

20.充分考虑案件中的防卫因素和过错责任。对于长期遭受家庭暴力后,在激愤、恐惧状态下为了防止再次遭受家庭暴力,或者为了摆脱家庭暴力而故意杀害、伤害施暴人,被告人的行为具有防卫因素,施暴人在案件起因上具有明显过错或者直接责任的,可以酌情从宽处罚。对于因遭受严重家庭暴力,身体、精神受到重大损害而故意杀害施暴人;或者因不堪忍受长期家庭暴力而故意杀害施暴人,犯罪情节不是特别恶劣,手段不是特别残忍的,可以认定为刑法第二百三十二条规定的故意杀人"情节较轻"。在服刑期间确有悔改表现的,可以根据其家庭情况,依法放宽减刑的幅度,缩短减刑的起始时间与间隔时间;符合假释条件的,应当假释。被杀害施暴人的近亲属表示谅解的,在量刑、减刑、假释时应当予以充分考虑。

四、其他措施

21.充分运用禁止令措施。人民法院对实施家庭暴力构成犯罪被判处管制或者宣告缓刑的犯罪分子,为了确保被害人及其子女和特定亲属的人身

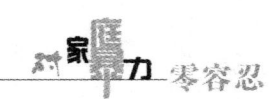

安全,可以依照刑法第三十八条第二款、第七十二条第二款的规定,同时禁止犯罪分子再次实施家庭暴力,侵扰被害人的生活、工作、学习,进行酗酒、赌博等活动;经被害人申请且有必要的,禁止接近被害人及其未成年子女。

22.告知申请撤销施暴人的监护资格。人民法院、人民检察院、公安机关对于监护人实施家庭暴力,严重侵害被监护人合法权益的,在必要时可以告知被监护人及其他有监护资格的人员、单位,向人民法院提出申请,要求撤销监护人资格,依法另行指定监护人。

23.充分运用人身安全保护措施。人民法院为了保护被害人的人身安全,避免其再次受到家庭暴力的侵害,可以根据申请,依照民事诉讼法等法律的相关规定,作出禁止施暴人再次实施家庭暴力、禁止接近被害人、迁出被害人的住所等内容的裁定。对于施暴人违反裁定的行为,如对被害人进行威胁、恐吓、殴打、伤害、杀害,或者未经被害人同意拒不迁出住所的,人民法院可以根据情节轻重予以罚款、拘留;构成犯罪的,应当依法追究刑事责任。

24.充分运用社区矫正措施。社区矫正机构对因实施家庭暴力构成犯罪被判处管制、宣告缓刑、假释或者暂予监外执行的犯罪分子,应当依法开展家庭暴力行为矫治,通过制定有针对性的监管、教育和帮助措施,矫正犯罪分子的施暴心理和行为恶习。

25.加强反家庭暴力宣传教育。人民法院、人民检察院、公安机关、司法行政机关应当结合本部门工作职责,通过以案说法、社区普法、针对重点对象法制教育等多种形式,开展反家庭暴力宣传教育活动,有效预防家庭暴力,促进平等、和睦、文明的家庭关系,维护社会和谐、稳定。

《涉及家庭暴力婚姻案件审理指南》

由最高人民法院中国应用法学研究所编写,于2008年3月发布,内容共八章八十一条。

前 言

本指南的编制背景 家庭暴力问题的严重性和特殊性越来越被全社会所了解,人民法院也逐渐认识到涉及家庭暴力的婚姻家庭案件与普通婚姻家庭案件的不同特点和规律,意识到其处理方式应当与普通案件有所不同。因此,传统经验和知识已越来越不适应该类案件的高质量办案需求,许多法院尤其是基层人民法院呼唤有一本为办理涉及家庭暴力的婚姻案件而编制的操作指南。

本指南的编制目的 本指南的编写目的,是为了让办理涉及家庭暴力婚姻家庭案件的法官,能有一本专业的资源手册,帮助其做好法律规则、性别平等理念、家庭暴力理论知识、审判组织保障等方面的准备,以利于提高办案效率和分配正义的质量,更好地保障家庭暴力受害人的人身和财产权利。

本指南的编制依据 本指南的法律依据包括《中华人民共和国民法通则》《中华人民共和国民事诉讼法》《中华人民共和国婚姻法》《中华人民共和国妇女权益保障法》和《最高人民法院关于进一步发挥诉讼调解在构建社

会主义和谐社会中积极作用的若干意见》《最高人民法院关于民事诉讼证据的若干规定》。

党和国家领导人关于"要重视维护妇女权利,要使社会性别主流化""促进性别平等,实现共同发展"的重要指示,最高人民法院领导对性别平等和司法公正的强调,以及其他有关国家机关、社会团体制定的有关落实宪法规定的平等原则的政策性文件,都为本指南的编制提供了有力的政策性支持。

与此同时,基层人民法院在审判实践中根据实际需要,谨慎地在法律允许的框架内进行的有益尝试所积累的宝贵经验,也为本指南的编写提供了厚实的实践基础。

本指南的基本性质 最高人民法院院领导指示,要为法官提供一些"指南式"的研究成果,直接服务于审判工作。本指南集法律研究、实践经验、域外借鉴、法律精神于一体,是人民法院司法智慧的结晶。但本指南不属于司法解释,而是为法官提供的参考性办案指南。

本指南的形式特点 本着全面、具体、明确、实用的原则,本指南在表现形式和表述方式上没有单纯地采取法律条文式的表述,而是对绝大多数条款作了进一步阐释,既提出了规范性的要求,对法律条文和法律原则做出了解释,又论述了相关的道理,对规范性要求的基础、原因作了阐述。这些阐释对于更好地理解指南的内容将提供一定的帮助。

本指南的使用方法 本指南不能作为法官裁判案件的法律依据,但可以在判决书的说理部分引用,作为论证的依据和素材。法官在运用本指南的过程中,如果发现需要增加的内容,可以继续发展;如果发现有的内容不完全符合本地实际情况,也可以在法律的框架内做出适当调整。

本指南的受益主体 本指南虽然是法官的办案指南,但其受益主体并不限于法官。律师、当事人、研究人员以及所有关注家庭暴力司法救济途径的人士都可以从本指南中获得自己需要的知识、教益和指导。

第一章 关于家庭暴力

第一条 了解家庭暴力基本知识的必要性

家庭暴力是一个社会问题,对其认识需要多学科的专门知识。人民法院在审理涉及家庭暴力案件的过程中,如果不能正确认识和对待家庭暴力,可能对人民法院高质、高效处理此类案件产生消极影响,不利于人民法院分配公平和正义。因此,本指南借鉴其他国家法官办理涉及家庭暴力案件的指南的做法,首先介绍家庭暴力基本知识,作为正确理解和执行本《指南》所有内容必不可少的重要基础。

第二条　家庭暴力的定义

家庭暴力作为国际领域普遍关注的一个社会问题,相关国际公约对其作了界定。尽管家庭暴力受害人并不限于妇女,有些情况下男性和儿童也会成为受害人,但是,由于针对妇女的家庭暴力最为普遍、最为严重,所以相关国际公约和其他国际文件对针对妇女的家庭暴力的界定通常只表述为针对妇女的暴力。

《联合国消除对妇女的暴力行为宣言》(1993)第一条规定,"对妇女的暴力行为"系指对妇女造成或可能造成身心方面或性方面的伤害或痛苦的任何基于性别的暴力行为,包括威胁进行这类行为、强迫或任意剥夺自由,而不论其发生在公共生活还是私人生活中。

联合国秘书长《关于侵害妇女的一切形式的暴力行为的深入研究》(2006)指出,基于性别的针对妇女的暴力行为是指"因为是女性而对她施加暴力或者特别影响到妇女的暴力,包括施加于身体、心理或性的伤害或痛苦或威胁施加这类行为,强迫和其他剥夺自由的行为。基于暴力的行为损害或阻碍妇女依照一般国际或人权公约享受人权和基本自由,符合联合国《消除对妇女的暴力行为宣言》第一条的规定"。

《最高人民法院关于适用〈中华人民共和国婚姻法〉若干问题的解释(一)》(2001)第一条规定:"家庭暴力是指行为人以殴打、捆绑、残害、强行限制人身自由或者其他手段,给其家庭成员的身体、精神等方面造成一定伤害后果的行为。持续性、经常性的家庭暴力,构成虐待。"

鉴于本指南旨在指导涉及家庭暴力的婚姻家庭案件的审理,所以本指

南中的家庭暴力,是指发生在家庭成员之间,主要是夫妻之间,一方通过暴力或胁迫、侮辱、经济控制等手段实施侵害另一方的身体、性、精神等方面的人身权利,以达到控制另一方的目的的行为。

第三条　家庭暴力的类型

根据有关国际公约、国外立法以及被普遍认可的学界理论研究成果,家庭暴力包括身体暴力、性暴力、精神暴力和经济控制四种类型。

1.身体暴力是加害人通过殴打、捆绑受害人或限制受害人人身自由等使受害人产生恐惧的行为;

2.性暴力是加害人强迫受害人以其感到屈辱、恐惧、抵触的方式接受性行为,或残害受害人性器官等性侵犯行为;

3.精神暴力是加害人以侮辱、谩骂或者不予理睬、不给治病、不肯离婚等手段对受害人进行精神折磨,使受害人产生屈辱、恐惧、无价值感等作为或不作为行为;

4.经济控制是加害人通过对夫妻共同财产和家庭收支状况的严格控制,摧毁受害人自尊心、自信心和自我价值感,以达到控制受害人的目的。

第四条　家庭暴力的普遍性和严重性

家庭暴力是一个全球性的社会问题,我国也不例外。据有关部门的权威调查,我国家庭暴力的发生率在29.7%到35.7%之间(不包括调查暗数),其中90%以上的受害人是女性。关于家庭暴力是家务事的错误认识,以及法律救济途径的缺失,使得众多受害人生活在痛苦、愤怒和恐惧之中,严重损害受害人的人身权利。因家庭暴力引发受害人以暴制暴的恶性案件,近年来受到越来越多的关注。

第五条　家庭暴力发生和发展的规律

家庭暴力行为的发生和发展,呈周期性模式。模式的形成,一般要经过两个或两个以上暴力周期。每个周期通常包括关系紧张的积聚期(口角、轻微推搡等)、暴力爆发期(暴力发生、受害人受伤)、平静期(亦称蜜月期,加害人通过口头或行为表示道歉求饶获得原谅,双方和好直到下个暴力周期的到来)。加害人往往屡悔屡犯、始终不改。道歉、忏悔只是当家庭暴力暂时失效时,加害人借以达到继续控制受害人的手段而已。暴力周期的不断重复,使受害人感到无助和无望,因而受制于加害人。

第六条　分手暴力的特别规律

人们往往以为离婚后暴力自然就停止了,但是,引发家庭暴力的内在动机是加害人内心深处控制受害人的需要。一般情况下,这种欲望不仅不会因为离婚而消失,反而会因为受害人提出离婚请求受到刺激而增强。因此,一旦受害人提出分手,加害人往往先是采取哀求原谅、保证下不为例以及利用子女等手段来挽留受害人。然而,如果哀求不奏效,加害人往往就会转而借助暴力或实施更严重的暴力手段来达到控制目的,因而出现"分手暴力"。这种现象在夫妻分居或者离婚后相当普遍。

国际上,加拿大的实证研究表明,大约有1/3的受害妇女在对方探视未成年子女时受到暴力威胁。36%的女性在分居期间继续遭受男方的暴力侵害。美国司法部1983年和1997年3月公布的数据显示,美国有75%的家庭暴力受害人,在分手后继续遭受前夫或前男友的暴力侵害。

我国尚无这方面的统计数据,但是家庭暴力研究者普遍认为,分手期间或分手后,受害人的人身安全受家庭暴力侵害的频率和暴力的严重性确实迅速增加。

一般情况下,有三个变量可以预测发生分手暴力的危险程度:一是加害人之前有过身体暴力或暴力威胁行为;二是加害人和受害人居住地相距不远;三是加害人猜忌受害人有第三者。

第七条　一般夫妻纠纷与家庭暴力的区分

一般夫妻纠纷中也可能存在轻微暴力甚至因失手而造成较为严重的身体伤害,但其与家庭暴力有着本质的区别。家庭暴力的核心是权力和控制。加害人存在着通过暴力伤害达到目的的主观故意,大多数家庭暴力行为呈现周期性,并且不同程度地造成受害人的身体或心理伤害后果,导致受害一方因为恐惧而屈从于加害方的意愿。而夫妻纠纷不具有上述特征。

第八条 家庭暴力发生的原因

无论在社会上或家庭中,公民的人身权利均不得因任何原因而遭受人为侵害。家庭暴力的发生,不是受害人的过错,绝大多数情况下是基于性别的针对妇女的歧视。其发生的原因主要包括:

1.加害人通过儿童期的模仿或亲身经历而习得暴力的沟通方式。

2.家庭暴力行为通过社会和家庭文化的代际传递实现。传统文化默许男人打女人,父母打子女。在这种文化影响下长大的男人允许自己打女人,父母允许自己打子女。有这种文化的社会,接纳家庭暴力行为。在这样的家庭和社会中长大的子女,不知不觉接受了这种观念。家庭暴力行为就这样一代又一代传了下来。

3.获益不受罚。虽然《中华人民共和国婚姻法》和《中华人民共和国妇女权益保障法》规定禁止家庭暴力,但是法律缺乏预防和制止家庭暴力的有效手段。社会给家庭暴力受害人提供的有效支持很少,因此家庭暴力发生时一般得不到干预。由于在家里打人能达到目的而不受惩罚,不管加害人事后多么后悔,又多么真诚地道歉,并保证决不再犯,都必然因缺乏真正改变自己行为的动机而一再使用暴力。

4.加害人往往有体力上的优势。无论男打女还是女打男,加害人的体力往往居于优势。90%以上的家庭暴力受害人是体力处于弱势的妇女、儿童和老人。

第九条 家庭暴力的相关因素

家庭暴力的发生,与加害人的原生家庭、社会和文化环境以及双方的体力对比有关,但与暴力关系中双方的年龄、学历、职业、社会地位、经济收入、居住区域和民族等,均无必然联系。

第十条 加害人的心理和行为模式

1.性别歧视

家庭暴力的加害人绝大多数为男性。这些男性信奉男尊女卑、男主女从的古训,他们相信暴力是其迫使受害人就范的合理而又有效的手段。因此,家庭暴力是基于性别的针对女性的暴力。

2.内外双重面孔

加害人呈现给家人和外人的是两副不同的面孔。他们在家借助暴力手段控制家人,在外行为符合社会标准。

3.过度的嫉妒

加害人有令人难以理解的嫉妒心。嫉妒表面上似乎是因为爱得过深,实质上嫉妒和爱没有太大关系。过度嫉妒者很少是心中有爱的人。嫉妒是嫉妒者因极度害怕失去某个人的感情、某种地位或利益而产生的焦虑,是嫉妒者不自信和缺乏安全感的表现。嫉妒者为了控制对方,以嫉妒为借口,捕风捉影、侮辱、谩骂、殴打配偶,甚至跟踪、限制对方行动自由。

4.依赖心理

大多数加害人是不自信、不自爱、没有安全感的人,他需要借助别人对自己的态度,以证明自己的能力和价值。受害人在暴力下的顺从,是加害人获得自信和安全感的手段之一。这种依赖心理,使得加害人坚决不同意离婚,面对受害人的分手要求,加害人或采取分手暴力企图阻止受害人离开,或痛哭流涕保证痛改前非。

5.人前自我伤害或以死相逼

受害人若想分手或离婚,加害人往往会在受害人、法官或特定人面前进行自我伤害,甚至以死相逼,其目的是为了使受害人产生内疚和幻想,以便继续控制和操纵受害人。加害人的自我伤害或者以死相逼行为只能说明,他只想达到自己的目的而不在乎对方的感受。自我伤害不是因为爱,而是暴力控制的另一种表现形式。

第十一条　受害人的心理和行为模式

1.习得无助

家庭暴力作为一种控制手段,随着周期性循环,越来越严重,越来越频繁。无法逃脱的受暴处境,使受害人"学会了无助"。因为这种在心理学上被称为"习得无助"的信念,受害人以为自己无论如何也摆脱不了对方的控

制,因而放弃反抗,忍气吞声、忍辱负重、委曲求全。

2. 抑郁状态

受害人习得无助后,悲观随之而来,而悲观是造成抑郁的主要因素。长期处于抑郁状态的人中,不少人会自杀或尝试自杀或产生杀人的念头。他们希望通过自杀或杀死加害人,来终止让他们感到如此不堪的生活。

3. 恐惧和焦虑

整天提心吊胆,神经高度紧张,是家庭暴力受害群体中最普遍的特征之一。暴力控制关系建立后,受害人会无限放大加害人的能力和权力,以为加害人无所不能。其恐惧和焦虑,甚至草木皆兵的心理,非一般人所能想象。

4. 忍辱负重

传统观念认为单亲家庭不利于未成年子女成长;经济上女性的生存能力弱于男性,离婚使得她的生活水平大大下降;社会缺乏针对家庭暴力受害人的有效支持等,迫使相当一部分受害人不到万不得已,不会报警或寻求其他外界帮助,更不会提出离婚。

5. 优柔寡断

如果受害人想要通过分手摆脱暴力控制,在社会和法律救济手段不到位的情况下,加害人的软硬兼施往往奏效。走投无路之时,受害人很可能被迫回到暴力关系中。

同样,家庭暴力受害人反复起诉和撤诉,表面上似乎优柔寡断,变化无常,实际上很可能是受害人想出的保护自己和子女暂时免受家庭暴力伤害的最佳的和最无奈的办法。

第十二条　家庭暴力对受害人和加害人的危害

家庭暴力不仅使受害人身体受伤,还会导致受害人抑郁、焦虑、沮丧、恐惧、无助、自责、愤怒、绝望和厌世等不良情绪。长期处于这种状态中,受害人会出现兴趣减弱、胆小怕事、缺乏自信和安全感、注意力难以集中、学习和工作能力下降等症状,并且出现心理问题躯体化倾向。

表面看来,施暴人似乎是家庭暴力关系中获益的一方,其实不尽然。大多数施暴人施暴,不是要把妻子打跑,而是希望能控制她。但是,通过施暴得到的结果,只能是越来越多的恐惧和冷漠。这使施暴人越来越不满,越来越受挫。随着施暴人的挫败感越来越强烈,家庭暴力的发生也就越来越频繁,越来越严重。家庭暴力越来越严重,受害人就越来越恐惧。当暴力的严重程度超过受害人的忍耐限度时,受害人就可能转为加害人,杀死原加害人。

第十三条 家庭暴力对未成年人的伤害

根据联合国秘书长2006年发布的《关于侵害妇女的一切形式的暴力行为的深入研究》,生活在暴力家庭中的未成年子女,至少会在心理健康、学习和行为三个方面出现障碍。

1.许多出身于暴力型家庭的子女,学习时注意力难以集中。学校的差生,包括逃学和辍学的学生,有相当一部分来自暴力家庭。他们往往处于担心自己挨打和(或)担心一方家长挨打的焦虑中。其症状经常被误诊为多动症伴注意力集中障碍。然而,这些问题产生的根源往往在于使他们恐惧且缺少关爱的家庭暴力环境。

2.即使未成年子女并不直接挨打,他们目睹一方家长挨打时所受到的心理伤害一点也不比直接挨打轻。家庭暴力发生时,孩子陷入极不安全和冲突的心理状态中。通常,他们一方面对加害人感到愤怒,另一方面又需要来自加害人的关爱。孩子无法理解,自己生活中最重要、也是最亲近的两个人之间,为什么会出现暴力。

3.未成年子女挨打,不仅皮肉受苦,自信心和自尊心也受到很大打击。他们可能变得胆小怕事,难以信任他人,也可能变得蛮横无理、欺侮弱小、人际关系不良。心理上受到家庭暴力严重伤害的子女,还有可能在成年后出现反社会暴力倾向。加拿大的研究显示,目睹家庭暴力的孩子,出现严重行为问题的可能性,比起无暴力家庭中的孩子,男孩要高17倍,女孩要高10倍。

4.更严重的后果是,家庭暴力行为的习得,主要是通过家庭文化的代际

传递而实现的。根据联合国秘书长2006年《关于侵害妇女的一切形式的暴力行为的深入研究》,50%～70%的成年加害人是在暴力家庭中长大的。他们从小目睹父母之间的暴力行为,误以为家庭暴力是正常现象,并在不知不觉中学会用拳头解决问题。

第十四条　家庭暴力对社会的危害

当女性因为受暴而频频就医,或者因为家庭暴力造成的不良情绪难以排遣而导致工作效率降低、被殴打致残或致死、自杀,或以暴制暴杀死加害人,社会保障和社会秩序为此付出的代价不可低估。

第二章　基本原则和要求

第十五条　性别平等原则

法律面前人人平等,这个平等是指实质意义上的两性平等。法院在审理涉及家庭暴力的婚姻案件时,应当坚持实质意义上的性别平等原则,避免一切形式的隐性歧视,如:对女性在社会上和家庭中的人身权利保障采取双重标准;或者形式上男女平等对待,实质上区别对待。

第十六条　禁止家庭暴力原则

禁止家庭暴力,是我国批准加入的联合国相关文件对各国政府提出的要求,也是《中华人民共和国宪法》《中华人民共和国婚姻法》《中华人民共和国妇女权益保障法》的重要规定。我国各省市先后颁布的69个地方性预防和制止家庭暴力的法规,也对家庭暴力作了禁止性规定。虽然上述规定只是原则性的,可操作性有待提高,但是,众多的法规和政策体现了我国各级政府预防和制止家庭暴力的态度和决心,这也是本指南的核心。

第十七条　婚姻自由原则

婚姻自由包括结婚和离婚自由。结婚需要两个人的合意,离婚则只需一人提出且符合离婚条件即可。人民法院在维护当事人结婚自由的同时,对离婚自由的维护不可偏废。当事人一方提出离婚诉讼的,只要有离婚的法定理由,人民法院经调解不能达成和解的,应当调解或判决离婚。

在认定家庭暴力的情况下,如果一方当事人坚决要求离婚的,不管要求离婚的是加害人还是受害人,人民法院均应当尊重当事人意愿,维护婚姻自由原则,尽快调解或判决离婚,避免因久拖不决而出现更严重的暴力伤害行为。

一个不幸的婚姻死亡后,可以产生两个幸福的婚姻。即使其中有少数当事人是因为一时冲动而草率离婚的,作为成年人,他(她)们也应当为自己的行为负责。况且他们可以轻而易举地到民政部门办理复婚手续。即使复婚不可能了,这个经历也将教会他们珍惜自己未来的婚姻。

第十八条 适当照顾受害人、未成年子女原则

最大限度保护和实现弱势群体的权利是司法机关永恒的价值取向。在办理涉及家庭暴力的婚姻家庭案件过程中,应当坚持照顾受害人,以及因此直接或间接受害的未成年子女的原则。人民法院不能以任何理由做出与这一原则相悖的裁判。

第十九条 审理组织专门化

有条件的基层人民法院应当尽可能成立专门合议庭或安排专人独任审理涉及家庭暴力的婚姻案件,尽可能安排具有婚姻家庭经验和人生阅历较为丰富的中年法官,或者接受过家庭暴力专业培训和具备性别敏感性的法官办理涉及家庭暴力的婚姻案件,提高办案效率和探索审理此类案件的专门经验。

这是因为:处理家庭暴力问题不仅需要法学,还需要社会学、心理学、女性学和性别平等理论等知识,属于跨学科专业范畴。越是具备相关专业知识和社会阅历的人,越能理解婚姻案件中双方的心理互动模式和家庭暴力对婚姻的伤害,也就越能妥善处理涉及家庭暴力的婚姻案件。

第二十条 法官接受性别意识和家庭暴力知识培训

各级人民法院应当将性别平等和家庭暴力知识纳入法官在职培训课程之中,并纳入考核内容。办理相关案件的法官每年应当接受不少于12个小时的性别意识培训和不少于18个小时的家庭暴力知识培训等。培训应当包括但不限于下列内容:

1.家庭暴力的性质、范围及其发生的根本原因;

2.家庭暴力关系中双方的互动模式;

3.家庭暴力受害人及其家庭成员人身安全的保障措施;

4.家庭暴力受害人和加害人可求助的社会机构及其职能;

5.司法程序中的性别偏见;

6.家庭暴力对幸福家庭与和谐社会的破坏作用,以及对儿童心理和行为的恶劣影响。

第二十一条　保护法官免受间接创伤

为避免法官在审理涉及家庭暴力案件时可能出现的心理枯竭或其他负面影响,各级人民法院应当尽可能给办案法官提供学习压力管理技巧的时间和机会,使法官了解有关自我保护的知识和措施,包括摄入足够的营养、积极参加体育锻炼、及时休息和放松、建立有效的社会支持系统、平衡生活和工作等。

心理学研究发现,直接或间接接触天灾人祸的人,包括受害人本人、目击者、受害人的亲朋好友和援助者,心理都会受到不同程度的负面影响。

家庭暴力是违反人性的行为。暴力的残忍性,使人经历愤怒、悲恸、哀伤和无助的心理磨难。受害人都是一些正在经历严重心理创伤的人,法官频繁地接触她/他们,很容易受到负面影响,其累积效应,易导致心理枯竭,其症状包括越来越不想和别人交往、冷嘲热讽、身心疲惫、爱发火、焦虑、悲哀、睡眠障碍、紧张性头痛等。

除心理枯竭外,法官还可能因间接接触创伤事件所产生的其他负面影响而出现心理创伤。短期的创伤可能使法官出现易怒、悲哀、焦虑和睡眠障碍。长期创伤可能导致法官出现冷嘲热讽、酗酒,甚至失去维持良好的夫妻关系的能力。

第二十二条　为其他机构、人员提供相关培训

家庭暴力是一个社会问题,需要多机构合作,才能有效预防和制止家庭暴力。各级人民法院应当积极发挥在预防和制止家庭暴力的多机构合作链

条中的作用。有条件的法院应当到当地大中小学、公安、妇联、医院、庇护所、人民调解委员会等机构,提供性别平等、家庭暴力知识和相关法律实务知识培训,以提高整个社会预防和应对家庭暴力的能力。

第三章 人身安全保护措施

第二十三条 人身安全保护措施的必要性

在涉及家庭暴力的婚姻案件审理过程中,普遍存在受害人的人身安全受威胁、精神受控制的情况,甚至存在典型的"分手暴力"现象,严重影响诉讼活动的正常进行。因此,人民法院有必要对被害人采取保护性措施,包括以裁定的形式采取民事强制措施,保护受害人的人身安全,确保诉讼程序的严肃性和公正性。

第二十四条 受害人联系方式的保密

人民法院应对受害人的有关信息保密,特别是不能将受害人的行踪及联系方式告诉加害人,以防止加害人继续威胁、恐吓或伤害受害人。

人民法院可以要求受害人留下常用的联系方式。

第二十五条 受害人保护性缺席

有证据证明存在家庭暴力,且受害人处于极度恐惧之中的,正常的开庭审理可能导致受害人重新受制于加害人的,或可能使受害人的人身安全处于危险之中的,人民法院可以应受害人的申请,单独听取其口头陈述意见,并提交书面意见。该案开庭时,其代理人可以代为出庭。

第二十六条 人身安全保护裁定的一般规定

人身安全保护裁定是一种民事强制措施,是人民法院为了保护家庭暴力受害人及其子女和特定亲属的人身安全、确保民事诉讼程序的正常进行而做出的裁定。

人民法院做出人身安全保护裁定,以民事诉讼法第一百四十条第一款第十一项规定等为法律依据。

第二十七条 人身安全保护裁定的主要内容

人民法院做出的人身安全保护裁定,可以包括下列内容中的一项或

多项：

1. 禁止被申请人殴打、威胁申请人或申请人的亲友。

2. 禁止被申请人骚扰、跟踪申请人,或者与申请人或者可能受到伤害的未成年子女进行不受欢迎的接触。

3. 人身安全保护裁定生效期间,一方不得擅自处理价值较大的夫妻共同财产。

4. 有必要的并且具备条件的,可以责令被申请人暂时搬出双方共同的住处。

5. 禁止被申请人在距离下列场所50米至200米内活动：申请人的住处、学校、工作单位或其他申请人经常出入的场所。

6. 必要时,责令被申请人自费接受心理治疗。

7. 为保护申请人及其特定亲属人身安全的其他措施。

第二十八条　人身安全保护裁定的附带内容

申请人申请并经审查确有必要的,人身安全保护裁定可以附带解决以下事项：

1. 申请人没有稳定的经济来源,或者生活确有困难的,责令被申请人支付申请人在保护裁定生效期间的生活费以及未成年子女抚养费、教育费等；

2. 责令被申请人支付申请人因被申请人的暴力行为而接受治疗的支出费用、适当的心理治疗费及其它必要的费用。

被申请人的暴力行为造成的财产损失,留待审理后通过判决解决。

第二十九条　人身安全保护裁定的种类和有效期

人身安全保护裁定分为紧急保护裁定和长期保护裁定。

紧急保护裁定有效期为15天,长期保护裁定有效期为3至6个月。确有必要并经分管副院长批准的,可以延长至12个月。

第三十条　人身安全保护措施的管辖

人身安全保护措施的申请由受害人经常居住地、加害人经常居住地或家庭暴力行为发生地的人民法院受理。

两个以上同级人民法院都有管辖权的,由最初受理的人民法院管辖。

第三十一条 人身安全保护措施申请的提出时间

人身安全保护裁定的申请,应当以书面形式提出;紧急情况下,可以口头申请。口头申请应当记录在案,并由申请人以签名、摁指印等方式确认。

人身安全保护裁定的申请,可以在离婚诉讼提起之前、诉讼过程中或者诉讼终结后的6个月内提出。

诉前提出申请的,当事人应当在人民法院签发人身保护裁定之后15日之内提出离婚诉讼。逾期没有提出离婚诉讼的,人身安全保护裁定自动失效。

第三十二条 人身安全保护申请的条件

申请人身安全保护裁定,应当符合下列条件:

1.申请人是受害人;

2.有明确的被申请人姓名、通讯住址、或单位;

3.有具体的请求和事实、理由;

4.有一定证据表明曾遭受家庭暴力或正面临家庭暴力威胁。

受害人因客观原因无法自行申请的,由受害人近亲属或其他相关组织代为申请。相关组织和国家机关包括受害人所在单位、居(村)委会、庇护所、妇联组织、公安机关或检察机关等。

申请人身安全保护措施的证据,可以是伤照、报警证明、证人证言、社会机构的相关记录或证明、加害人保证书、加害人带有威胁内容的手机短信等。

第三十三条 人身安全保护措施申请的审查

人民法院收到人身安全保护措施的申请后,应当迅速对申请的形式要件及是否存在家庭暴力危险的证据进行审查。

人民法院在审查是否存在家庭暴力危险的证据时,可以根据家庭暴力案件自身的特点和规律,本着灵活、便捷的原则适当简化。

对于是否存在家庭暴力危险,申请人和被申请人均可以提交证明自己

主张的证据,必要时人民法院也可以依职权调取证据予以核实或者举行听证。

第三十四条 人身安全保护裁定的做出

人民法院收到申请后,应当在48小时内做出是否批准的裁定。

人民法院经审查或听证确信存在家庭暴力危险,如果不采取人身安全保护措施将使受害人的合法权益受到难以弥补的损害的,应当做出人身安全保护裁定。

第三十五条 人身安全保护裁定的送达

人身安全保护裁定应当向申请人、被申请人或其同住成年家属送达,同时抄送辖区公安机关;送达方式一般以书面形式直接送达、邮寄送达或委托送达,拒绝签收的可以留置送达。

情况紧急的,人民法院可以口头或通过电话等其他方式将裁定内容告知申请人、被申请人、辖区的公安机关,并将告知情况记录在案。

第三十六条 人身安全保护裁定的生效与执行

人身安全保护裁定自送达之日起生效。

人民法院将人身安全保护裁定抄送辖区公安机关的同时,函告辖区的公安机关保持警觉,履行保护义务。公安机关拒不履行必要的保护义务,造成申请人伤害后果的,受害人可以以公安机关不作为为由提起行政诉讼,追究相关责任。

人民法院应当监督被申请人履行人身安全保护裁定。被申请人在人身安全裁定生效期间,继续骚扰受害人、殴打或者威胁受害人及其亲属、威逼受害人撤诉或放弃正当权益,或有其他拒不履行生效裁定行为的,人民法院可以根据民事诉讼法第一百零二条相关规定,视其情节轻重处以罚款、拘留。构成犯罪的,移送公安机关处理,或者告知受害人可以提起刑事自诉。

第三十七条 驳回申请及不服裁定的复议

人民法院经审查认为人身安全保护措施申请不符合申请条件的,驳回申请,并告知申请人申请复议的权利。

被申请人对人身安全保护裁定不服的,可以在收到人身安全保护裁定之日起5日内向签发裁定的人民法院申请复议一次。人民法院在收到复议申请之日起5日内做出复议裁定。复议期间不停止人身安全保护裁定的执行。

第三十八条 撤销人身安全保护裁定的听证

申请人、被申请人可以在收到人身安全紧急保护措施的裁定后3日内,请求人民法院举行延长或撤销紧急保护裁定的听证。

人民法院认为有必要举行听证的,应当在听证前3日将听证通知送达申请人和被申请人。特殊情况下,人民法院可以根据需要随时安排听证。

听证一律不公开进行。但是,经法院许可,双方当事人均可由一至两位亲朋陪伴出庭。陪伴当事人出庭听证的亲朋有妨碍诉讼秩序的除外。

听证通知合法送达后,申请人无正当理由拒不到庭的,一般情况下可以视为申请人放弃申请,但是,经核实受害人受到加害人胁迫或恐吓的除外。

被申请人无正当理由拒不到庭的,不影响听证的进行。

第三十九条 对撤回人身安全保护措施申请的审查

申请人提出申请后很快撤回申请的,或者经合法送达听证通知后不出席听证的,经审查,如存在以下因素,人民法院应当保持警觉,判断其是否因施暴人的威胁、胁迫所致。存在以下因素的,不予批准:

1.被申请人有犯罪前科的;

2.被申请人曾有严重家庭暴力行为的;

3.被申请人自行或与申请人共同来申请撤销的;

4.申请人的撤销申请无正当理由的或不符合逻辑的;等等。

第四章 证 据

第四十条 一定情况下的举证责任转移

人民法院在审理涉及家庭暴力的婚姻案件时,应当根据此类案件的特点和规律,合理分配举证责任。

对于家庭暴力行为的事实认定,应当适用民事诉讼的优势证据标准,根

据逻辑推理、经验法则做出判断,避免采用刑事诉讼的证明标准。

原告提供证据证明受侵害事实及伤害后果并指认系被告所为的,举证责任转移至被告。被告虽否认侵害由其所为但无反证的,可以推定被告为加害人,认定家庭暴力的存在。

第四十一条　一般情况下,受害人陈述的可信度高于加害人

在案件审理过程中,双方当事人可能对于是否存在家庭暴力有截然不同的说法。加害人往往否认或淡化暴力行为的严重性,受害人则可能淡化自己挨打的事实。但一般情况下,受害人陈述的可信度高于加害人。因为很少有人愿意冒着被人耻笑的风险,捏造自己被配偶殴打、凌辱的事实。

第四十二条　加害人的悔过、保证

加害人在诉讼前做出的口头、书面悔过或保证,可以作为加害人实施家庭暴力的证据。

加害人在诉讼期间因其加害行为而对受害人做出的口头、书面道歉或不再施暴的保证,如无其它实质性的、具体的悔过行动,不应当被认为是真心悔改,也不应当被认为是真正放弃暴力沟通方式的表现,而应当被认为是继续控制受害人的另一有效手段,因此不应作为加害人悔改,或双方感情尚未破裂的证据。

家庭暴力加害人同时伴有赌博、酗酒、吸毒等恶习,之前做出的口头、书面悔过或保证可以视为其不思悔改的重要证据。加害人的口头、书面道歉或保证应记录在案。

第四十三条　未成年子女的证言

家庭暴力具有隐蔽性。家庭暴力发生时,除了双方当事人和其子女之外,一般无外人在场。因此,子女通常是父母家庭暴力唯一的证人。其证言可以视为认定家庭暴力的重要证据。

借鉴德国、日本以及我国台湾的立法,具备相应的观察能力、记忆能力和表达能力的2周岁以上的未成年子女提供与其年龄、智力和精神状况相当的证言,一般应当认定其证据效力。

法院判断子女证言的证明力大小时,应当考虑到其有可能受到一方或双方当事人的不当影响,同时应当采取措施最大限度地减少作证可能给未成年子女带来的伤害。

第四十四条　专家辅助人

人民法院可以依据当事人申请或者依职权聘请相关专家出庭,解释包括受虐配偶综合征在内的家庭暴力的特点和规律。专家辅助人必要时接受审判人员、双方当事人的询问和质疑。专家辅助人的意见,可以作为裁判的重要参考。

目前司法界以及社会上普遍对家庭暴力领域中的专门问题了解程度不够。这直接影响了科学技术知识在办理此类案件中所起的积极作用。有条件的人民法院或者法院内部的相关审判庭,可以建立一个相关专业机构或专家的名单、联络办法,并事先作好沟通,鼓励其积极参与司法活动。

第四十五条　专家辅助人资格的审查与认定

专家辅助人可以是社会认可的家庭暴力问题研究专家、临床心理学家、精神病学家、社会学家或社会工作者、一线警察、庇护所一线工作人员。他们一般应当有一年以上的直接接触家庭暴力受害人(不包括本案受害人)的研究或工作经历。

人民法院审查专家辅助人的资格时,应当首先审查其理论联系实践的能力和经验,而后审查其之前的出庭经历和获得的相关评价。

第四十六条　专家辅助人的报酬

专家辅助人出庭所需费用,由申请人承担。

第四十七条　专家评估报告

法院可以依据当事人的申请,聘请有性别平等意识的家庭暴力问题专家、青少年问题专家、临床心理学家、精神科专家、社会学家等依据"家庭暴力对未成年人的负面影响"问题清单中的内容,对家庭暴力对未成年人造成的负面影响进行评估,并形成评估报告,以此作为法院判决子女抚养权归属的参考。

评估报告的内容包括家庭暴力的负面影响是否给未成年人造成心理创伤及严重程度、目前的症状、过去的成长经历,以及父母或者直接抚养者对未成年人的经历和症状所持的态度。

第四十八条　国家机关、社会团体和组织相关的记录与证明

家庭暴力受害人在提起诉讼之前曾向公安机关、人民调解组织、妇联组织、庇护所、村委会等国家机关、社会团体和组织投诉,要求庇护、接受调解的,或者家庭暴力受害人曾寻求过医学治疗、心理咨询或治疗的,上述机构提供的录音或文字记载,及出具的书面证词、诊断或相关书证,内容符合证据材料要求的,经人民法院审查后认为真实可靠的,可以作为认定家庭暴力发生的重要证据。被告人否认但又无法举出反证,且无其他证据佐证的,人民法院可以推定其为加害人。

第四十九条　公安机关的接警或出警记录

人民法院在认定家庭暴力事实时,应当将公安机关的接警和出警记录作为重要的证据。

接警或出警记录载明施暴人、受害人的,人民法院可以据此认定家庭暴力事实存在。

出警记录记载了暴力行为、现场描述、双方当事人情绪、第三方在场(包括未成年子女)等事项的,人民法院应当综合各种因素,查明事实,做出判断。

报警或出警记录仅记载"家务纠纷、已经处理"等含糊内容的,人民法院可以根据需要或当事人的申请,通知处理该事件的警察出庭作证。

第五十条　互殴情况下对施暴人的认定

夫妻互殴情况下,人民法院应当综合以下因素正确判断是否存在家庭暴力:

1.双方的体能和身高等身体状况。

2.双方互殴的原因,如:一方先动手,另一方自卫;或一方先动手,另一方随手抄起身边的物品反击。

3.双方对事件经过的陈述。

4.伤害情形和严重程度对比,如:一方掐住相对方的脖子,相对方挣扎中抓伤对方的皮肤。

5.双方或一方之前曾有过施暴行为等。

第五十一条　人民法院调取、收集相关证据

当事人可以申请人民法院调取、收集以下因客观原因不能自行收集的证据:

1.当事人之外的第三人持有的证据;

2.由于加害人对家庭财产的控制,受害人不能收集到的与家庭财产数量以及加害人隐匿、转移家庭财产行为有关的证据;

3.愿意作证但拒绝出庭的证人的证言。

经审查确需由人民法院取证的,人民法院可以直接取证,也可以应当事人或其代理人申请签发调查令,由其代理人到相关部门取证。

第五十二条　非语言信息对案件事实判断的重要性

人的思想控制其外在行为,人的行为反映其思想。心理学研究发现,在人际沟通中,人的非语言动作所传达的信息超过65%,而语言所传达的信息低于35%。很多时候,非语言动作所传达的信息的准确性要远远超过语言所传达的信息的准确性。因此,在审理涉及家庭暴力的离婚案件中,法官应当十分注意观察双方当事人在法庭上的言行举止,特别是双方的语音、语调、眼神、表情、肢体语言等,以便对事实做出正确判断。

第五章　财产分割

第五十三条　财产分割的基本理念

离婚妇女贫困化理论认为,传统的"男主外、女主内"的性别角色导致的家庭分工,给男性带来相应的事业发展、能力增长和社会地位的提高。与此同时,女性在相夫教子的家务劳动中投入了大量时间和精力,这在很大程度上限制了她在社会上的发展。一旦离婚,多年的奉献所带来的,是工作能力和学习能力的丧失,以及家庭暴力受害造成其平等协商能力的下降,使她无

法平等主张自己的权利,因而导致其离婚后的贫困化。

人民法院在分割夫妻财产时,应当坚持性别平等的基本理念。这一基本理念的实现应当达到以下目的:一是公平地补偿,以平等体现离婚妇女在婚姻关系存续期间在照顾家庭方面投入的价值。二是有助于妇女离婚后的生存和发展。

第五十四条 一般要求

家庭暴力受害人请求离婚时,与普通的离婚案件当事人相比可能面临特殊的困难,应当引起特别关注。法院应当依法采取有效干预措施,确保公平处理配偶扶养、财产分割问题。

法官在审理婚姻家庭案件中,如果发现存在家庭暴力,应当意识到当事人双方之间存在权力失衡或者协商能力悬殊的现象。法院依法分割夫妻共同财产时,应当充分考虑家庭暴力因素,以利于女性离婚后在尽可能短的时间内恢复工作和学习的能力,找回自信、独立性和自主决策的能力,更好地承担家庭和社会责任。

第五十五条 财产利益受影响时的补偿与照顾

在加害人自认或法院认定的家庭暴力案件中,受害人需要治疗的、因家庭暴力失去工作或者影响正常工作的,以及在财产利益方面受到不利影响的,在财产分割时应得到适当照顾。

第五十六条 受害人所作牺牲的补偿与照顾

受害人向加害人提供接受高等教育的机会和资金支持,或支持加害人开拓事业而牺牲自己利益的,无论当初自愿与否,如果这种牺牲可能导致受害人离婚后生活和工作能力下降、收入减少、生活条件降低的,在财产分割时应当获得适当照顾。

第五十七条 家务劳动的平等对待

在家务劳动、抚育子女、照料老人等方面付出较多的当事人,在财产分割时可以适当予以照顾或补偿。

第五十八条 适当照顾的份额

符合上述第五十五条、第五十六条、第五十七条规定情况的受害人分割共有财产的份额一般不低于70%;针对加害人隐藏或转移财产的情况,分割夫妻共同财产时,受害方的份额一般不低于80%。

第五十九条 精神损害赔偿

家庭暴力受害人请求精神损害赔偿的,无论家庭暴力行为人是否已受到行政处罚或被追究刑事责任,人民法院均应当依据《中华人民共和国婚姻法》第四十六条相关规定予以支持。

第六十条 对共同债务的认定

认定夫妻一方在婚姻关系存续期间以个人名义所负债务的性质,不能机械适用《最高人民法院关于适用〈中华人民共和国婚姻法〉若干问题的解释(二)》第二十四条规定,而应综合考虑是否为家庭共同利益所负。主张为夫妻共同债务的一方,应做出合理解释,相对方对此享有抗辩权。人民法院可以根据逻辑推理和日常生活经验进行判断,避免相对方的利益受损或放纵恶意债务人的不法行为。

第六十一条 对伪造债务等行为的制裁

人民法院发现一方有伪造或指使他人伪造债务、转移或隐匿财产行为或嫌疑的,应当依据《中华人民共和国婚姻法》第四十七条和《中华人民共和国民事诉讼法》第一百零二条相关规定予以处理。

第六十二条 对原判是否考虑家庭暴力因素的审查

被害人以家庭暴力未予认定或者认定错误导致财产分割或子女抚养判决不公而上诉或申请再审的,人民法院应当对原判是否充分考虑了涉及家庭暴力离婚案件自身的特点和规律以及当事人家庭分工模式等因素进行重点审查。一审已经认定家庭暴力,但在财产分割或子女抚养方面未给予考虑的,二审或再审过程中对此要予以重点审查,做出公平、合理的判决。

第六章 子女抚养和探视

第六十三条 加害方不宜直接抚养子女

考虑到家庭暴力行为的习得性特点,在人民法院认定家庭暴力存在的

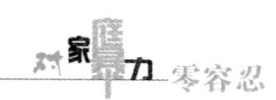

案件中,如果双方对由谁直接抚养子女不能达成一致意见,未成年子女原则上应由受害人直接抚养。但受害人自身没有基本的生活来源保障,或者患有不适合直接抚养子女的疾病的除外。

不能直接认定家庭暴力,但根据间接证据,结合双方在法庭上的表现、评估报告或专家意见,法官通过自由心证,断定存在家庭暴力的可能性是非常大的,一般情况下,可以判决由受害方直接抚养子女。

有证据证明一方不仅实施家庭暴力,而且还伴有赌博、酗酒、吸毒恶习的,不宜直接抚养子女。

第六十四条　综合判断受害人的工作和生活能力

受害人很可能处于心理创伤后的应激状态,这可能在表面上使受害人直接抚养未成年子女看起来不如加害人理想,但是随着家庭暴力的停止,或者经过心理治疗,这种应激状态会逐渐消失。

人民法院需要综合考虑受害人在工作上的表现和能力,以及直接抚养子女的潜在能力,或者受害人婚前或者受暴前的工作和生活能力,做出最有利于未成年子女的判决。

第六十五条　征求未成年子女的意见

人民法院在判决由哪一方直接抚养未成年子女前,应当依法征求未成年子女的意见。但是,有下列情形之一的,未成年子女的意见只能作为参考因素:

1.未成年人属于限制行为能力的人,其认知水平的发展还不成熟,不能正确判断什么对自己最有利;

2.未成年子女害怕、怨恨但同时又依恋加害人。暴力家庭中的未成年子女可能在害怕、怨恨加害人对家庭成员施暴的同时,又需要加害人的关爱,因此存在较强的感情依恋。这种依恋之所以产生,是因为受害人的人身安全取决于施暴人的好恶。不违背施暴人的意愿,符合其最大利益。这种状况被心理学家称为"斯得哥尔摩综合征",或者"心理创伤导致的感情纽带"。

3.强者(权威)崇拜。人类对强者或权威的崇拜,使尚不能明辨是非的未成年人可能对家庭中的强者(施暴人)怀有崇拜的心理,误认为自己与受害人一起生活没有安全感,因而选择与加害人一起生活。

法官应当在综合考虑其他因素的基础上,做出真正最有利于未成年子女的判决。

第六十六条　未成年人权利优于家长的探视权

在未成年子女不受家庭暴力影响的权利与加害人探视未成年子女的权利相冲突时,应当优先考虑未成年人的权利。

加害人有下列情形之一,受害人提出申请的,人民法院可以裁定中止加害人的子女探视权:

1.在未成年子女面前诋毁、恐吓或殴打承担直接抚养义务的受害人的;

2.利用探视权继续控制受害人的;

3.利用探视权对受害人进行跟踪、骚扰、威胁的;

4.利用探视权继续对受害人和/或未成年子女施暴的;

5.法院认为有必要的其他情形。

第六十七条　探视权的恢复

加害人有下列情形之一的,法院可以考虑恢复其探视权:

1.完成加害人心理矫治,并且有心理机构盖章、治疗师签名的其已经能够控制暴力冲动的证明;

2.法院认为有必要的其他情形。

第六十八条　有关探视的具体规定

离婚并不一定能够阻止家庭暴力。暴力和暴力威胁可能随着离婚诉讼而进一步加剧。为了避免未成年子女成为加害人继续控制受害人的工具,最大限度保护未成年子女的利益,判决或者调解离婚的,人民法院可以在判决或者调解书中明确规定探视的方式、探视的具体时间和具体地点,以及交接办法。例如:

1.时间:每月两次,探视时间一般为9:00~17:00。

2.地点:双方都信任、也有能力保障受害人和未成年子女人身安全的个

人第三方、特定机构等。特定机构包括庇护所、社会机构,包括营利和非营利机构等。

3.交接方式:直接抚养的一方按约定提前20分钟把孩子送到指定地点,探视方20分钟后到达指定地点接走孩子。探视时间结束后,探视方按时把孩子送回到指定地点离开。直接抚养方在随后的20分钟内接回孩子。如果探视方有急事,要求临时变更探视时间,一般情况下,应当提前24小时通知第三方。第三方应当及时通知直接抚养孩子方,确定变更时间。

第六十九条 违反探视规定的处置

1.探视方在探视日超过规定时间30分钟未接孩子,事先又未通知第三方的,视为放弃该次探视。

2.探视方不得在探视时间之前的12小时之内和探视期间饮酒,否则视为放弃该次和(或)下次探视。

3.迟到没有超过30分钟的,第三方或社会机构可以向探视方收取孩子的监管费。收费标准由双方协商。

第七章 调 解

第七十条 受害人无过错原则

任何单位或个人都没有权利,在包括家庭在内的任何场合,侵害他人人身权利。法官办理案件过程中,任何情况下都不得责备受害人,或要求受害人调整行为作为不挨打的交换条件。否则,就有可能无意中强化"做错事就该打"的错误观念。

第七十一条 有保留的中立原则

法官应当采取有保留的中立态度,通过对调解过程的掌控,减少加害人对受害人的不当影响,调整双方不平等的权利结构,提高受害人主张并维护自身权利的能力。

这是因为涉及家庭暴力的案件具有与普通民事案件不同的规律和特点,其中最大的差异在于双方不平等的互动模式,加害人在平常就控制了双方之间的话语权,案件调解时也往往会表现出控制欲,而受害人则因加害人的暴力威慑难以主张权利。要打破这种不平等的互动模式,需要法官对弱者的适度倾斜和道义上的支持。

第七十二条　背靠背调解

在涉及家庭暴力的案件中,面对面调解可能会增加受害人继续遭受加害人骚扰、威胁、恐吓和人身伤害的危险性。因此,如果当事人提出申请或者人民法院发现存在上述可能性而认为确有必要的,应当采取背靠背的调解方式,以利于保护受害人的人身权利。

第七十三条　适时调解和多元解纷机制的运用

法官可以根据双方当事人的具体情况,灵活地决定在庭前、庭中、庭后进行调解。

对于涉及家庭暴力的离婚案件,人民法院还可以运用多元解纷机制,邀请有关人员协助调解或者委托妇联或人民调解等组织或有关人员调解等多种调解形式对案件进行调解。

第七十四条　驾驭调解过程的技巧

人民法院可以通过控制调解的具体程序和内容来驾驭调解过程。

1.决定双方当事人发言的次序;

2.控制当事人发言的内容,对于破坏性或恐吓性的言语或行为,如一方对另一方进行警告、威胁、恐吓等,予以制止,必要时给予训诫;

3.根据扶弱抑强的原则,决定双方法庭陈述的时间长短;

4.支持、鼓励受害人主张自身权利;

5.审查民事调解协议的具体内容,对显失公平的调解协议,法官可以向处于弱势的一方当事人行使释明权,告知其显失公平的情形。处于弱势的当事人坚持该协议内容的,人民法院在查明该当事人不是因为慑于加害人的威胁、报复的基础上,可以予以确认。

人民法院对于不予确认协议的离婚案件,应当及时做出判决。

第七十五条　和好调解

加害人认识到家庭暴力的发生完全是自己的过错,认识到家庭暴力造

成的严重后果,且同时具备以下两种以上情形的,可以调解和好:

1.积极配合,遵守法庭规则;

2.承认施暴是自己的过错,不淡化暴力严重程度,不找借口,不推卸责任,并书面保证以后不再施暴;

3.有换位思考的能力,能感受自己的暴力行为给受害人身体和心理造成的伤痛。

第七十六条 民事调解书的必要内容

民事调解书应当包含原告诉称和被告辩称的内容,一般情况下应当载明家庭暴力责任主体、子女监护权归属、财产分割等内容。

调解和好或撤诉的,应当注明双方均不得在民事调解协议书生效或撤诉后6个月内单方面处置双方共同财产。人民法院认为必要时可行使释明权,告知当事人提起财产确认之诉,以避免任何一方借机转移共同财产。

第七十七条 调解记录

人民法院主持调解时,应当将加害人的当庭悔过或口头保证记录在案。

对于当事人撤诉的案件,人民法院也应将已查明的家庭暴力事实记录在案。

对于加害人不思悔改,受害人再次提起离婚诉讼的,人民法院可以根据记录在案的加害人实施家庭暴力的事实,迅速调解离婚或判决离婚。

第七十八条 加害人的行为矫正

调解过程中,加害人真正愿意悔改以换取不离婚的,征得受害人同意后,人民法院可以依据《民事诉讼法》第一百三十六条规定,裁定诉讼中止,给加害人6个月的考察期。

考察期内,加害人再次施暴的,视为不思悔改,应当恢复审理。

在有条件的地区,必要时,法官可以责令加害人自费接受心理治疗,接受认知和行为的矫正。拒不接受的,承担不利后果。

第八章 其 他

第七十九条 诉讼费的承担

家庭暴力离婚案件经调解或判决离婚的,一、二审诉讼费用原则上由加害人承担。

第八十条　人身安全保护措施的申请费用

申请人身安全保护措施的裁定,无需交纳任何费用。

第八十一条　反馈与改进本指南的途径

人民法院在本指南的试点阶段,应当保持敏感性,注意发现问题,探索解决办法,积累有益经验,提出完善的建议,随时反馈给中国应用法学研究所。